逐梦幼教，倾心未来

姬淑芳

著

SPM 南方传媒 | 广东人民出版社

·广州·

图书在版编目（CIP）数据

逐梦幼教，倾心未来 / 姬淑芳著 . —广州：广东人民出
版社，2022.10

ISBN 978-7-218-15982-9

Ⅰ．①逐…　Ⅱ．①姬…　Ⅲ．①学前教育—教育研究
Ⅳ．①G61

中国版本图书馆 CIP 数据核字（2022）第 172786 号

ZHUMENG YOUJIAO QINGXIN WEILAI

逐梦幼教，倾心未来

姬淑芳　著

出 版 人：肖风华

责任编辑：马妮璐
责任技编：吴彦斌　周星奎
装帧设计：书香力扬
　　　　　Tel:135 5118 0183

出版发行：广东人民出版社
地　　址：广东省广州市越秀区大沙头四马路 10 号（邮政编码：510199）
电　　话：（020）85716809（总编室）
传　　真：（020）83289585
网　　址：http://www.gdpph.com
印　　刷：成都兴怡包装装潢有限公司
开　　本：710mm×1000mm　1/16
印　　张：14.5　字　数：290 千
版　　次：2022 年 10 月第 1 版
印　　次：2022 年 10 月第 1 次印刷
定　　价：58.00 元

如发现印装质量问题，影响阅读，请与出版社（020-85716849）联系调换。
售书热线：（020）87716172

序

董吉贺

我很高兴看到姬淑芳老师的专著——《逐梦幼教，倾心未来》的样稿，成为专家型、研究型教师一直是她在事业上坚持不懈的追求，这本书汇集了其工作近30年来的研究成果，出版之际，我欣然作序。

与姬淑芳老师的相识源于齐鲁名师建设工程。经过层层选拔，姬淑芳老师于2019年5月被确定为第四期齐鲁名师建设工程人选。进入培养期后，我成为她的导师，两年多的时间里，多次接触让我对她有了更加深入的了解。她来自鲁西的一个小县城，在县城实验幼儿园已经工作了28年。28年来她坚守一线，在幼教园地里躬耕逐梦，用一片丹心诠释着"天大地大，孩子最大"的信念。她对专业的执着追求，对幼儿的深沉大爱让我很受触动。多年的积累结出丰硕的果实，她主持了多项省、市级研究课题，两次参与编写《山东省幼儿园课程指导》；获得多项荣誉称号，2017年被评为山东省特级教师。在这两年多的培养期中，她仍然不断学习，笔耕不辍，将工作以来的研究成果进行梳理，汇总成这本《逐梦幼教，倾心未来》，这是她近30年来扎根幼教沃土，追求专业成长，为幼儿美好未来辛勤付出的见证。

第一篇《执着与感恩，做幸福教师》分析了28年的专业成长历程。每个阶段她都为自己制定了明确的目标，并为实现目标不断努力；积极参与各种培训，不断提升专业素养；善于反思，不断突破自我，最终实现专业上的成长。

第二篇《情系孩子，静待花开》记录了和孩子们互动中的所见所想。每一篇故事都可以看出她在耐心地陪伴孩子、细心地观察孩子、用心地支持孩子。从《教室墙上的亮光》可以看出她很善于捕捉教育的契机，能够根据幼儿的兴趣点及时调整教学计划，保护了幼儿的好奇心，激发了幼儿的探索欲，真正做到了以幼儿为中心。《静待孩子自然成长》则体现了姬老师深刻自省、善于反思的优良品质。

第三篇《从心出发，求索成长》分享了很多参加培训的心得体会，从专家引领到名师指导，从现场观摩到线上学习，多种形式的培训是教师专业成长的重要途径。2010年12月，姬老师作为全市三个代表之一参加了南京师范大学主办的"幼儿园骨干教师国培项目"，这次培训深刻改变了其教育理念，成为其专业发展的转折点。各种形式的培训让她的专业素养得到进一步提升。

第四篇《品悦书香，丰盈智慧》汇集了多篇读书笔记，阅读与教师的专业发展密切相关，是教师专业发展的重要源泉和标志。现代课程之父泰勒的《课程与教学的基本原理》理论性很强，有很多专业术语，一开始阅读时感觉晦涩难懂，后来渐入佳境，最后能够将书中理论运用到实践中，达到学以致用的境界。这个过程需要克服时间、精力、理论知识等方面的困难，但是姬老师坚持了下来，阅读了一本本专业著作，撰写了一篇篇读书笔记，阅读已经成为姬老师习以为常的生活方式，为其专业成长提供了源源不断的动力。

第五篇《追求本真，心向未来》展示了基于生态融合理念的活动方案，充分体现了对本土资源的有效整合。《快板〈莘县美〉》《顺河上的桥》《雄伟的燕塔》《玉米皮变变变》等活动方案涵盖了五大领域的教学、区域及户外活动，都充分挖掘了本地资源，密切结合了幼儿的实际生活，真正做到了让课程回归幼儿的经验，顺应了幼儿的天性，为幼儿未来的发展奠定良好基础。

第六篇《研思践悟，笃行致远》收录了多篇学术论文，是多年来进行研究和实践的思考和感悟。由传统的经验型教师逐渐转变为研究型教师是教育改革和发展的必然要求，一线幼儿教师从事教育科学的最主要目的是解决教育实践中的问题，善于从实际工作中发现问题、研究问题、解决问题，通过科学研究的方法和过程，将经验上升为具有一般规律性的可以推广的理论知识。多年来，姬老师深入进行课题研究，多项研究成果获奖，并得到推广应用。

从一个县城普通的幼儿教师成长为省特级教师，不是幸运和巧合，其中经历过的"酸、甜、苦、辣"无法一一诉说。我想用"一步一个脚印，踏踏实实走好每一步"来形容姬老师的专业成长之路，而这部著作可以说是一个很好的见证。相信读者都能从中汲取力量，有所收获。

董吉贺，山东女子学院科研处处长、学前教育研究院院长，山东省学前教育专家指导委员会副主任。

目录

第三篇　从心出发，求索成长

第四篇　品悦书香，丰盈智慧

第六篇　研思践悟，笃行致远

第一篇　　执着与感恩，做幸福教师

　　从踏入幼儿园大门的第一天起，岁月已漫过了28个春夏秋冬。从青丝如墨到华发渐生，28年的幼教岁月，有过迷茫、有过悲伤、有过失落、有过彷徨，静默回首，映入脑海的总是孩子们天真无邪的笑容、清澈纯净的眼睛、稚嫩甜美的声音……与他们朝夕相处的每一天都充满了欢乐、充满了期待、充满了惊喜、充满了甜蜜和幸福！时光悠然，28载我坚守一线，在幼教这片乐土上深情地实践着，纯粹且坚毅；用一片丹心追寻幼儿教育的真谛，痴迷且执着。

执着与感恩，做幸福的幼儿教师

1994 年 7 月，毕业于聊城师范学校幼师专业的我踏入了莘县实验幼儿园的大门。时光悠然、岁月芳菲，转眼间光阴漫过了 28 个春夏秋冬。28 年的幼教岁月，我坚守一线，在幼教这片乐土上深情地实践着，纯粹且坚毅；用一片丹心追寻幼儿教育的真谛，痴迷且执着。

一、用一颗真心，执着于幼教这片乐土

近 30 年的幼教生涯，我痴迷于和孩子们相处的幸福时光，执着于对幼教事业的挚爱，静默回首，感悟"明确目标、积极主动、勤学善思、精益求精"的真谛。

1. 明确目标，并为之努力

目标是前进的灯塔，行动的指南。明确的目标可以让我们用较短的时间、最少的精力，走最远的路。参加工作后，我发现要想成为一名让孩子喜欢的老师，成为一名优秀的幼儿教师，仅仅有爱是不够的，还必须有扎实的专业知识和过硬的专业能力。市教学能手、市优质课便成了我的一个目标。在每学期幼儿园里的公开课评比中我除了认真准备自己的课之外，还尽量多去听优秀老师们的课，总结她们的优点和不足，并思考如果是我来上这节课，我会怎么做？寒暑假就把幼儿园里的省级优质课光盘借回家反复观看。记得在 2001 年暑假，我借了 40 多张光盘，如获至宝，每一节课都认真观看，仔细琢磨。在观看的过程中，我发现有很多优质课的老师使用了课件，这是我第一次接触到课件，于是我就想，如果我来上课，我是不是可以运用课件呢？应该怎么把课件运用于教学中，才能更好地达成教学目标呢？在那一年的教学能手评选中我第一次运用课件进行教学，被评为市级教学能手，2002 年获得市优质课一等奖。一个又一个的目标成为我不断前进的力量源泉。

2. 主动参与，提升专业素养

专业素养和专业能力的提升非一日之功，我不属于聪明的人，但却是比较勤奋的。不管是有什么样的活动，我都积极主动地争取参加，我总觉得多经历锻炼对自己总是没有坏处的，所以除了教学能手、优质课这样的比较大型的比赛之外，不管是玩教具评比、教师舞蹈比赛、绘画比赛，还是幼儿的故事大王比赛、绘画比赛、巧手比赛、舞蹈比赛等我都积极报名。其实舞蹈和绘画并不是我的强项，但是我感觉不论是否得奖，在准备和参赛的过程中总会给自己一些锻炼和提升。2000年市级幼儿教师绘画比赛要进行现场绘画，我参加的是国画比赛，因为以前没怎么接触过，就坚持每天最少画10幅，最终获得了二等奖；2001年市幼儿教师舞蹈比赛也是要现场表演，我是在农村长大的，对于舞蹈，也仅仅是在上师范的时候每周一节舞蹈课学的那点东西，基本功不够扎实，反复考虑后，我还是报了名。我每天下班后练习两个多小时，周六周天自己到幼儿园加班练习。由于舞蹈不是我的长项，我总是放不开，不太敢在大家面前跳，和我一起参加比赛的是一位舞蹈非常好的老师，她告诉我说，舞蹈就是要放开自己、放平心态，不要怕别人笑话，要自信、要敢于尝试，这样才能展示最好的自己。我一想：是呀，总是放不开，比赛的时候怎么办？于是我咬咬牙对着她跳了好多遍，让她帮我指点、纠正，虽然只获得了三等奖，但是我也感到非常欣慰，因为登上那样的舞台，独自一个人在台上表演，有专业的评委和很多优秀的舞蹈老师看着我，这对我来说就是一种挑战、一种突破，既锻炼了我的胆量，又增加了我的勇气和自信心！2004年是第二十个教师节，市里组织全市中小学教师书画比赛，我也是利用暑假期间进行绘画和书法的练习，并参加了这两项比赛，虽然也是三等奖，但是不断的练习让我得到了提升；我还多次参加省市县的玩教具比赛获得了一等奖，多次辅导孩子参加市、县故事大王比赛、绘画比赛、小巧手比赛、舞蹈比赛等，并获得辅导奖一等奖。这些比赛虽然让我取得了一些成绩，但是我最大的收获就是锻炼了自己的能力，提升了自己的专业素养，让我变得更加自信。

3. 勤学善思，促进专业成长

叶澜教授说："一个教师写一辈子教案，不一定成为名师，如果一个教师写三年反思，有可能成为名师。"善于反思是促进一个人专业化成长的催化剂，不管是举办活动还是参加比赛，还是平时的日常活动，结束后我总会进行反思，哪里做得好？哪里做得不好？为什么做得不好？下一次我应该怎么改进？上班、下班的路上，睡觉前、起床后，洗脸、刷牙时，这些问题常常回荡在我的大脑里。

记得我上班的第一个学期，实行推门进班听课，一天下午，要进行的是数学活动二等分，我准备了毛线、正方形和长方形的纸和橡皮，这样线、面和立体的都有了。我刚组织好孩子，正准备开始讲课，王园长和陈主任推门进来了，我一下就紧张起来，感觉都不知道如何开讲了。本来准备的毛线是每两个人一根，纸是每个孩子两张，橡皮只有一块，但是领导一来，我怕孩子分不好，毛线和橡皮我就自己操作，让孩子们观察。正方形和长方形的纸让他们自己操作，正方形还好说，不论是对边撕还是对角撕，孩子们都很容易理解，长方形对边撕也很容易理解，但是对角撕的时候有个孩子不理解，不会比较，不论我怎么问提醒小角对小角、大角对大角放在一起比一比，他都说不是二等分，当时领导在，我那个急呀，汗都冒出来了。没办法，我就把他的纸收回来，把我自己剪好的两部分重叠在一起让他看，一边说："你看看这怎么会不是二等分呢？"他看到这两个三角形一样大才说是二等分，我终于松了口气。课后，我反思了自己的活动，第一，不应该领导一来就把应该让孩子操作的毛线自己操作。第二，为什么那个孩子一直不明白呢，是我讲的不清楚还是他不会比较？放学后我还一直在想这个问题，第二天我把那个孩子的纸找出来，仔细看过之后发现，他撕的两半不一样大，对角线中间部分一边凸出来，一边凹进去，所以他才说不是二等分。由于当时我的心态不够平和，没能仔细观察孩子的情况，就把这个概念强加给了孩子。于是我又把他叫过来，让他看了自己撕的纸的样子，然后又给他一张长方形的纸，引导他用剪刀沿对折线剪开再比较，他很轻松地就理解了长方形对角折也可以二等分。从而我也明白了不论在什么情况下，作为老师我们要了解每个孩子的情况，要给每个孩子真正学习的机会。这件事虽然过去近30年了，但是我仍然记忆犹新。学而不思则罔，思而不学则殆，长期的反思，让我一步步深化自己的教育实践，不断突破自我，向着更高境界迈进。

4. 精益求精，凡事竭尽全力

没有最好，只有更好，我从来不要求自己每件事都一定要做到第一，但是一定要尽我所能地去做每一件事。做任何事，我必须做到自己认为满意才行，如果达不到自己的要求，就会非常难受，就会睡不着，就会想方设法去修改、去调整、去努力，一直到自己满意为止。记得在 2010 年秋全市学前教育现场会之前，大家都在布置室内外环境，准备各种活动材料，当时我带的班级是全市老师们要参观的班级，为了达到我想要的效果，我班一位老师的孩子小，我就和年轻的王老师天天加班，有两次加班到凌晨 1 点多；有一次时间太晚，雾又太大没法回家，就住在了幼儿园里；还有一次，在水城名师培训时，一天下午的活动是小组讨论，要求第二天组长汇报讨论情况，为了让汇报更清晰明了，我在晚上加班制作了 PPT，以图文并茂的形式介绍了我们组的情况。当时七个名师组、三个名校长组，只有我自己做了 PPT，市师训科郭科长当场肯定了我的做法，进行了表扬。当时我真感觉到非常不好意思，我真的没想要得到表扬，只是想更清楚地展示我们的活动。再比如，参与省编幼儿园教材编写时，为了让我编写的这部分更加适合老师和孩子使用，我一次购买了 2000 多元的书，后来又买了 800 多元钱的书，并且每一个活动我都先去了解孩子的已有经验和兴趣，并多次进行试课，反复修改；在文字排版方面对编写作者并没有要求，因为每个人要写三四万字，主题导引、网络图、活动名称和正文等字体字号的要求都不一样，这些是责编的事情，但是我的强迫症又犯了，总感觉不按要求做就不舒服，主编董老师在审稿的时候说："姬老师的稿件内容清晰，排版又漂亮，看着就舒服。"工作 20 多年以来，我虽然没有事事做到最好，但是每件事我都尽全力而为，尽力做到精益求精。经过不断的努力，我取得了一定的成绩，也获得了一些荣誉。我先后被评为山东省特级教师、齐鲁名师建设工程人选、聊城市有突出贡献的中青年专家、水城名师、市教学能手等。

虽然我取得了一些成绩，但是这些荣誉并不仅仅是通过我自己的努力就可以获得的，还需要很多人的帮助和支持。领导、同事、孩子、家人都是我幸福幼教路上的贵人，是我要用真心去感恩的人。

二、心怀感恩，一路繁华相伴

1. 感恩领导，为我搭建学习成长的平台

首先是感谢我的领导，园长给我们的老师搭建了一个广阔的平台，每学期都分批派老师们外出学习。为我们去北京、南京、福建、青岛、淄博、济南等地聆听专家的前沿讲座，参观名园环境创设，观摩名师的教学活动创造了机会。多次聘请知名专家到园进行培训，提升了我们的教育理念，转变了我们的教学观、儿童观，让我由从前只关注自己的课堂，转变为关注孩子的学习与发展，让我学会了去观察孩子、了解孩子，我做的这一切都是为了孩子的发展，让他们拥有可持续发展的能力。

2. 感恩同伴，为我输入成长的精神力量

感谢与我朝夕相伴的同事们。我园是一所拥有 60 年历史的老园，但是互帮互助的优良传统一代一代地传承下来，我为自己生活在这样一个温暖的大家庭里感到无比幸福！不论是我参加各种比赛还是日常活动，大家都给予了我很多帮助。记得我讲省优课的时候，栾玉兰老师、张慧玲老师连续两周，天天陪我加班到晚上 9 点多，帮我设计、打磨活动，当时他们的孩子还很小，一个上幼儿园，一个上小学。还有很多的同事，我只要一说要试课，他们就会立刻帮我搬桌子、摆椅子，听完后还会毫无保留地给我提出建议和意见……记得 2001 年讲市教学能手的时候我抽完签给园长打了电话，当我从市里回来时，帮我准备教具、设计活动的老师们已经在办公室等我，并开始讨论课了。2010 年第二次讲市教学能手时，我和两位老师加班做教具，由于加班太晚了，看门的大爷都睡了，把我们锁在了楼里面，我们喊不开门，只好从窗户里跳过去。这样的事例真是多不胜举，每每想起，总是无比的感动、无比的温暖、无比的幸福！

3. 感恩孩子，陪伴我成长的幸福源泉

感谢我的孩子们，让我无怨无悔地爱上了幼儿教师这个职业。其实走上幼师这条路一开始并非我自愿的，当时填报志愿的时候，我没想过要当老师，我报的是上海邮电学校和山东商校，但是担任高中教师的父亲建议报幼师专业，听了他的建议我又添加了聊城师范幼师专业。谁知道师范是提前批，结果就录取了，去上学的时候我还非常地心不甘、情不愿，他送我的时候我还在埋怨他。当我工作了，每天面对 50 多个孩子，心里可担心了，就怕他们离我远一点就会磕伤、碰伤，会出事，所以总是不敢放开他们，他们天天吵吵闹闹，弄得我头大眼昏的，一天结束之后总是累得一句话也不想说。当时我真的不想过这样的生活，慢慢改变我的是孩子们最纯洁、最无私的爱。那是刚上班两个多月的时候，因为不适应，我的嗓子哑了，快一个月了还没好。一天早晨，我刚到幼儿园，浩浩就跑过来对我说："姬老师，给你这个润喉片，你吃了嗓子就不哑了。"我接过来一看，原来是西瓜霜含片，我问他："你从哪儿拿的？"他说是妈妈的，妈妈嗓子哑，吃了这个就好了。这时他妈妈走过来说："浩浩说姬老师的嗓子哑了，要把这个西瓜霜拿给你吃，昨天晚上就放兜里了。"听了浩浩和他妈妈的话，我特别感动，真切地感受到了孩子最真诚的关怀，想不到这么小的孩子竟然这么细心；还有一次卫生大扫除需要擦房顶上的灯，桌子上放了把椅子，上面又放了把小椅子，我站上去擦灯，东东说："姬老师，你小心点，别摔下来了。"瑞瑞说："老师我帮你扶着椅子吧。"听了孩子们的话，我心里暖暖的，我感受到了来自孩子最纯洁的爱！慢慢地我和孩子们相处得越来越融洽，也适应并喜欢上了幼师这份工作。还有一年，我带中班，一天晨晨跑到我面前对我说："姬老师，我长大了和你过。"我问他："为什么？"他说："因为你好！"我说："我怎么好了？"他说："你喜欢小朋友，你给我讲故事。"我说："那我也有时候批评你们呀！"他说："我们做错了，你吵我们，吵完了还会和我们玩。"我又说："那你怎么和我过呀？"他说："和你一起玩游戏、玩积木、看书。"我说："等你长大了，我都老了。"他不说话了，我又问他："是不是我老了，你就不和我过了？"他想了想说："你老了，我伺候你呀。"我听完心里一惊，感动得无以复加，平复了一下情绪说："你怎么伺候我呀？"他说："给你做饭，买好吃的。"其他的孩子听到了也争着说："姬老师，我也伺候你，也给你买好吃的。"当时我真是感动得无语凝噎，眼泪在眼眶里转，又不好意思流下来，过了好大一会儿，我问他们："你们给我买什么好吃的？"有的说买糖，有的说买巧克力，有的说买方便面……这就是孩子的世界，纯真美好！与孩子们在一起的每一天串起了我 28 年平凡、快乐、幸福的旅程。

4. 感恩家人，支持我成长的坚强后盾

感谢家人。如果说幼儿园的领导、同伴给予我成长的力量，那么我的家人就是我成长的最坚强的后盾，家人的关心、帮助和支持让我能够全心全意地投入到工作中。我的家可以说是教师之家，父亲、哥哥、妹妹、婆婆、大姑姐、二姑姐和三姐夫都是教师，虽然我们分属不同的学段，但是因为教师这个职业我们总有聊不完的话题，彼此互相理解和支持。每次我有比赛或者外出培训学习时，照顾孩子的任务就完全扔给了婆婆，公公婆婆总是说："你放心去忙，孩子不用管了。"我的姐妹们也给予了我很多无私的帮助，记得2013 年我园参评省级十佳幼儿园，连续一个多月，我每天都是晚上十点多回家，到家孩子就睡了，12 月 9 日验收完后，晚上我对女儿说："这次妈妈不用加班了。"谁知第二天园长安排我去北京学习一个月，回到家一说这个事，女儿抱着我哇哇大哭，公公、婆婆、大姑姐轮流做女儿的工作，老公许诺元旦带她去北京找我玩，女儿才破涕为笑。常年缺少我的陪伴，让女儿也变得非常乖巧懂事，记得我评了县级名师，大姑姐问她："你妈妈是名师，你是什么？"她说："我是名孩呀。"大姑姐说："为什么呀？"她说："我不吵不闹，不找妈妈呀。"后来又评了市级名师，大姑姐又问她："你妈评名师，爷爷奶奶做饭，爸爸帮忙打印材料，这次你干了什么呀？"她说："我好好上学，好好写作业，不让妈妈操心呀。"当我评了省级名师时，大姑姐又问她："现在你妈妈评省名师了，你干了什么呀？"女儿自豪地说："这次我帮妈妈改稿子了呀，妈妈的答辩稿有个词用得不恰当，是我帮着改的。"女儿的数学成绩一直不太好，记得她高二期中考试时，我正好出差，成绩出来后150分的试卷只考了75分，她特别沮丧，我安慰她说："是不是因为妈妈不在家影响了你的考试？"女儿却说："你什么时候管过我的事呀？"女儿的话让我特别内疚，瞬间流下了眼泪，女儿见了，连忙安慰我："嗨，多大点事呀，我好好找问题，下次考好点不就行了，我都这么大了，你还有啥好操心的，这咋还变成爱哭鬼了呢？"2001年我评市级教学能手，那是我第一次用课件进行教学，对电脑还不怎么熟悉，老公就按照我的要求帮我做课件，并且我去市里讲课时帮我播放课件，他不但帮我做课件、放课件，还帮助我的同事做课件、放课件，直到我们学会了制作课件。正是家人无怨无悔的支持和鼓励让我义无反顾地扑在我钟爱的幼儿教师这个岗位上。

5. 平和的心态，勇于面对挫折的考验

还有一点感悟比较深，那就是凡事都要有一个平和的心态。心态平和了才会拥有幸福感，我曾经也几近失落伤感，一度情绪低迷。那是参加省优课获得二等奖的时候，我真是感到特别沮丧、挫败。感到挫败的原因不是因为没得一等奖，一个原因是我的课竟然超时了五六分钟，但是最大的原因就是感到对不起支持我的领导，对不起天天陪我加班的两位老师，对不起给予我太多帮助的大家。成绩是5月出来的，整个6月和7月我一直在懊恼中度过，我总是在想我怎么会超时呢，我怎么就没看看表呢，怎么就没看看陪我的老师给我的时间暗示呢？我为什么选了这节我不擅长的领域参加那么大的比赛呢？我翻看了很多的文章来调整自己，慢慢地不再钻牛角尖，也接受了自己的不完美。后来参加培训，有个老师的话我觉得让我受益终身。那就是把所有的比赛、所有的成绩、所有的荣誉看成0，如果你得到了就会变成1，那么就会非常开心，如果得不到就还是0，你也不会感到失去了什么。如果你把它看成1，得到了，就会觉得是应该得到的也不会有喜悦之情，得不到你就会非常失落，甚至会对你造成非常严重的影响。正是这句话一直影响着我，鼓舞着我，激励着我努力奋进，让我在幼儿教师这个平凡的岗位上体验着、成长着、快乐着、幸福着！

　　教育是面向未来生命展开的过程，我将一如既往地保持着一颗敬畏之心，继续耕耘在幼教这片沃土上，不断探索，不断前行，为孩子们创造美好的未来，为孩子的生命奠基！

第二篇　情系孩子，静待花开

　　"长长的路，慢慢地走"，每一个孩子都是一朵最美的花，只是花期不同。在幼儿期这个人生发展的奠基阶段，尊重和顺应孩子的天性，保护和发掘孩子的潜能，寻找适合每一个孩子的教育，给予他们内在成长的力量，让他们按照自己的节奏，自由自主地在学习和生活中体验每一个成长的历程，主动获得经验、建立规则、养成习惯，形成健全的人格是我最质朴的愿望。多一点时间，多一份耐心，多一份责任，用最深沉的爱静待孩子的自然成长！

把游戏还给孩子

　　周三一进幼儿园楼门，我就看到通知上写着：周五检查音乐游戏。看到通知，我想，坏了，这段时间光忙上课，好久没做音乐游戏了，得赶快去练练。

　　一上课，我就告诉了孩子们："今天老师要带大家做游戏。"话音刚落，孩子们立刻欢呼起来，又是鼓掌，又是跳。我告诉他们："今天做游戏，你们必须遵守游戏规则，老师叫你演什么你就演什么，不能乱喊乱叫，否则就不做游戏了。"说完，我就给孩子们讲了游戏规则，给他们分好组，讲了扮演的角色应该表演的动作，就开始做《小花猫和灰老鼠》的游戏了。

　　游戏进行得还是比较顺利，但游戏中有几个调皮的孩子没有按要求做，游戏要结束时，没被小花猫抓住的小老鼠立刻欢呼起来，他们高兴得又喊又叫，有的还在教室里乱跑。我连忙制止，可不管我怎么说，他们依然又蹦又跳，安静不下来。最后我大声喊："叫，叫，再叫，你们就再也别做游戏了。"听到我的声音，孩子们顿时安静下来，呆呆地看着我，我缓和了一下语气说："不是告诉你们了，别乱叫，就是不听，再喊以后就不做游戏了。你们还想做吗？""想！"孩子们异口同声地说。我说："那好，我们再做一遍，不过这次一定要按老师讲的去做，不能再乱了，记住了吗？"看到我严肃的表情，孩子们默默地点点头。游戏开始了，这次孩子们不乱了，可是也没有了刚才的激情，他们面无表情，机械地表演着我设计好的动作，练习了几遍，孩子们的表演已经非常熟练、整齐了，我满意地笑了。

　　下课后，我去给孩子们倒水，听到几个孩子在议论。可正说："要是天天做游戏就好了。"国豪说："可这游戏一点也不好玩，光按老师说的做，我想躲在桌子下藏起来也不行。"嘉一说："就是，我藏得好没让小花猫抓住，跳两下都不行。"晓涵说："咱们自己在这里玩吧。"一帆说："不行，老师看见了，吵咱们怎么办？"听了孩子们的话，我感到非常愧疚，刚才那样做真是过分了，于是我决定和孩子们谈一谈，征求一下他们的意见和对游戏的看法。

我说："老师知道你们最喜欢游戏了，来说说你们的想法。"孩子们一听让他们说自己的想法，都争先恐后地说起来，可正说："老师，你天天带我们做游戏好吗？"振坤说："对，对，老师我最喜欢扮演小花猫了。"雅欣说："你能让我们自己表演吗？"一恒说："我也想自己设计动作。"听了孩子们的话，我想，是啊，孩子们那么喜欢游戏，我们总是强调幼儿是活动主体，可却不能真正体现出来，现在就让孩子们按照自己的意愿设计动作，自由游戏吧。

于是我告诉他们："这次我给你们准备材料，你们自己设计动作表演。"这次孩子们表演得都非常投入，有的两人双手搭起来做老鼠洞，有的三人挤在一起做粮仓；国豪还做了一个小老鼠指偶戴在手上，既滑稽又可爱；振坤撕了几个纸条卷起来粘在嘴上，做小花猫的胡子。当小花猫出场时，小老鼠们躲藏的姿势更是千姿百态，有的趴在地上，有的抱头蹲在地上，有的钻进桌子下面……而一恒表演小花猫咬老鼠的动作更是把对老鼠这个大坏蛋的恨意表达得淋漓尽致。

孩子们尽情地玩着、笑着，看着他们那一张张可爱的笑脸，我不由得陷入深思：游戏是孩子们最喜欢的活动，是他们快乐童年的伴侣，但是在平时的教育活动中，我们又重上课、轻游戏，没给他们提供充分的游戏时间，即使有游戏时间，他们也不能自主游戏，孩子们做什么、说什么、用什么，都是老师说了算，在游戏中给他们附加了太多的任务，在这样的游戏中，孩子们的想象力、创造力怎能实现主动性的发展呢？只有为孩子们创造一个有选择、多元化、不受限制的活动空间，给他们自由尝试的机会、自由游戏的时间，他们才能自己去发现，自己去创造，而且还会互相启发、互相学习，不断迸发出智慧的火花。游戏是孩子的，我们要做的不是和孩子抢游戏，而是把游戏还给孩子。

教室墙上的亮光

一个阳光明媚的下午，灿烂的阳光透过玻璃窗照进教室，我刚在黑板上贴好挂图准备上语言课，就听到下面一阵窃窃私语。振坤说："豪豪，你快看，墙上有亮光。"豪豪顺着他指的方向看去，"真的，真的，大家快看！"豪豪兴奋得有些忘乎所以，忍不住提高了声音，引得全班的孩子都随着他们的视线观看墙上的亮光。

我想寻找一下亮光的发源地，环视了一下教室，看见坐在窗前的荣静正拿着一张光盘在桌子下面玩。她一动光盘，墙上的亮光也随着动了起来，这时孩子们已经完全被那亮光吸引了，忍不住议论起来。有的说："看光还会动呢！"有的说："它为什么会动呢？"有的说："这是哪里来的光呢？"坐在荣静旁边的洋洋说："是荣静的影碟上发出来的。"一帆说："影碟怎么会发光呢？"一恒说："影碟怎么把光照到墙上的呢？"

看着孩子们那一双双好奇的眼睛，我想这不正是一次很好的随机教育机会吗？于是我走到荣静身边对她说："荣静，把你的影碟拿到上面来让大家看看，哪里来的光。"荣静把影碟拿上来在阳光下一照，孩子们顿时欢呼起来："哦，真的是影碟发的光。"我说："你们想一想影碟怎么会发光呢？""是阳光照到影碟上，影碟又照到墙上的。"孩子们七嘴八舌地说。"对，说得真好，那谁知道墙上的光为什么会动呢？"一帆说："因为影碟动了，所以光就动了。""是不是他说的那样呢，谁来试一试？""我来，我来！"我的话音刚落，孩子们就争先恐后地要试试，为了满足他们的好奇心，我把班里的影碟拿出来发给他们。

孩子们都非常活跃，他们拿着影碟，调整不同的角度，使光一会儿落在座位前面的空地上，一会儿落在小伙伴的身上，一会儿落在墙上的照片上，一会儿落在天花板上……他们笑着、玩着，开心极了。这时我也拿了一张影碟加入他们的队伍，一边操作一边说："孩子们你们发现了墙上的亮光，还发现了亮光是阳光照到影碟上，从影碟上照出来的。原来，墙上的亮光是太阳发出很强的光照到影碟上，影碟就会把光反射出来形成的，我们把这种现象叫作反光，那么你们再想一想，如果把影碟拿到教室门口去（阳光照射不到教室门口），影碟会不会反光呢？谁愿意去试试？""我来试。"嘉一说着已经跑到教室门口了，我又请了几个孩子到门口去试，孩子们怎么调整影碟的角度影碟都不反光，他们说："老师，影碟在这里不反光。""那为什么不反光呢？"一帆说："因为教室门口没有阳光。""对，对，因为教室门口没有阳光。"其他的孩子也跟着说起来。

听了孩子们的回答，我笑了："对，阳光照到影碟上，影碟才会反光，教室门口没有阳光，所以影碟放在那里就不会反光了。那么请你们想一想，除了影碟还有哪些东西也能反光呢？"听完我的话，孩子们又积极讨论起来了。在随后的一段日子里，孩子们总喜欢在阳光充足的课余时间，自发地用各种能反光的物品和"光宝宝"做各种各样的游戏。

事后我想，每个孩子都有一双善于"发现"的眼睛，都有一个喜欢探索的愿望。作为教师，我们必须做有心人，珍视孩子们每一次可贵的发现，细心捕捉孩子们探索的信号，及时组织开展丰富多彩的偶发性活动，给孩子们提供一个探索的空间，让孩子们获得最初的科学启蒙。

教育孩子，先从自身做起

区域活动开始了，宁宁到益智区转了一圈，又去了图书区，她看到艺晨在看《如果我有一个弟弟》，也凑过去一起看，她说："我也有一个弟弟。"艺晨说："我也有一个弟弟。"然后她们就聊起了自己的弟弟，过了一会儿，艺晨要去美工区，宁宁不让她走，只听见她说："小手怎么放的，小脚怎么放的，坐不好，我就不喜欢你了，让你到小班去！"听了她的话我觉得又好笑又内疚。

宁宁说的这些话是我平时无意间经常说的。幼儿天生就喜欢模仿，平时老师、家长无意间的一言一行他们都记在心里，在自己的行为活动中表现出来，虽然表面上看幼儿模仿老师的语言、行为是一件好玩的事情，但是作为教师的我们需要认真思考：如何才能更好地为人师表，为幼儿树立良好的形象，做好言传身教。虽然我也知道这样说不好，可是往往控制不住自己的语言，宁宁的话给我们敲响了警钟。幼儿没有分辨好坏的自控能力，他们需要成人正确的引导。所谓"近朱者赤，近墨者黑"就是这个道理，良好的教育能培养一个优秀的人才，拙劣的教育往往耽误了孩子的成长。这样一来给我们教师提出了较大的挑战，如何提高自身的素质成为一名优秀的教师，我们应该人人反思。良好的教育语言是平时教育的一种支持手段，改掉自己平时的口头禅，改掉粗鲁的语言，为幼儿营造一个良好的语言环境，这样幼儿才能得到良好的教育引导，更好地得到发展。教育好孩子，先要从自身做起。

静待孩子自然成长

这周是我园对全县幼儿教师的开放周，周一我班开放的活动是区域活动，为了让我们的区域活动更丰富，能够给参观的老师带来一些启示，我们准备了丰富的活动材料。活动开始前我向孩子们详细介绍了每个区的材料和活动内容。有了充分的准备，我对这次的活动充满了信心。

活动开始了，周博士带了录像机录孩子们活动的情况，参观的老师也陆陆续续地来到了我们班，看孩子们的活动。我们班的几位老师进到各个区里观察孩子的活动情况，作为班主任我不但要观察益智区的两个活动和插塑区的活动，还要了解每个区的情况。阅读区的几个孩子在安静地进行阅读，美工区的两组活动用超轻黏土制作飞机和折纸飞机，孩子们也进行得非常有序，刘老师和蔡老师在进行观察指导。我来到了益智区，一组活动是《数一数，记一记》，目标是尝试用自己喜欢的方式统计9以内飞机的数量，这组孩子有的能够用自己的方法记录，但琪娅记得乱七八糟，经过我的提醒还是不会记录。我对静奇说："你看帮帮琪娅好吗？"然后，就到了另一组，这组的孩子在用福禄贝尔玩具拼摆飞机，四个孩子中只有艺竟拼出了一架飞机，庆希、泽凯、亚彤都拿着玩具在玩，我问他们在干什么，他们说："老师，我不会摆。"我说："你们看，这里有摆好的图片（为了给孩子提示，我提前摆好了几架飞机，然后拍成照片打印了出来），你可以看着图片试一试。"然后他们几个就找和图片上一样形状的积木放在图片上，结果泽凯和庆希还是什么也没摆成。我心中非常着急，就说艺竟你和他们两个一起摆吧。这时我又看到插塑区的几个孩子也是只有致远和言豪插出了飞机，晨曦、闻涛、泊汐每个人面前一堆雪花片，不知道干什么，参观的老师一直络绎不绝，我特别着急，就说："你看这里有插好的飞机的图片，比对着插吧。"然后我又给他们示范了一遍动作，让他照着插。我扭头一看，建构区搭建飞机场的孩子的情况也不容乐观，地上一片狼藉，小徐老师只是看着孩子乱搭（她是实习的老师，刚来还不知道怎样指导）。这时区域活动的时间已经过去一半多了，我更着急了，心想这么多老师参观，这怎么能行呢，忙对小徐老师说："你看着图片让孩子给你找积木，赶快搭一个吧。"我又到了益智区和插塑区，他们还是不太会拼摆和拼插，于是我又进行了示范。在我的焦急中，区域活动结束了，美工区的孩子创作出了一些比较有创意的作品，部分孩子的作品也不够理想；建构区在徐老师亲自参与下建了一个飞机场；益智区和插塑区的孩子都没有很好的作品，这和我的预期目标相差太远了。我的心情非常郁闷，心想以前的区域活动没有出现这样的情况呀，今天那么多参观的老师，孩子们怎么这么不给力呢。在接下来的点评环节，我又介绍了每个区的活动玩法，希望在下次的活动中有所改善。

第二天，孩子们有了前一天的经验，没有了参观的老师，我们也给予了孩子更多尝试的机会，每个区也出现了更多的作品。到了周三孩子们活动时已经非常顺利了，益智区的统计方式越来越多，拼摆、拼插飞机的孩子大多数都能拼摆、拼插出非常有创意的飞机，建构区的孩子搭建的飞机场更加复杂，而且比前两天都更有创意。周五的时候，孩子们创作出来的作品就更加有创意了，尤其是拼摆、拼插和建构区，有的孩子的作品超出了我们的想象，他们还能非常流畅地介绍飞机的作用。

看着孩子们一天天在不断地进步，我感到无比欣慰。其实在每周刚刚开展新的活动时孩子们总会出现这样那样的情况，只是平时没有参观的老师，我们给予孩子更多尝试、探索的机会，总是有耐心地去引导孩子、等待孩子。一旦出现了这样的公开观摩活动，我们的心态总是不够平稳，总希望孩子们一下就能达到我们期待的要求，这是需要我们好好反思的。孩子真正的经验是在不断地活动中慢慢获得的，孩子的成长需要我们静静地等待。

拉钩的约定

我班晨旭是出了名的"调皮"，中午从不乖乖睡觉。在床上，他的小手总是忙个不停，而且身子总翻来翻去，使床发出"咯吱咯吱"的响声，每天我总要费很大的精力去哄他睡觉。

又到午睡时间了，别的孩子都已经安静地睡着了，只有晨旭还没睡。我走到他床旁边，轻声对他说："晨旭最乖了，快睡吧。"他乖巧地点点头，闭上了眼睛。

过了几分钟，床又晃了起来。只见晨旭的身子正翻来翻去，时不时嘴里还发出吹气声。我走到他旁边，低声说："旭旭，你今天睡得好，我就第一个喊你起床，还送你小礼物，好不好？"他又笑眯眯地点点头。

可是没多久，一阵轻微的歌声传到了我的耳朵里，是晨旭在唱歌。为了不让晨旭干扰其他孩子，我决定喊他起床。于是，我第三次来到晨旭旁边，还没等我说话，他就笑嘻嘻地跟我说："老师，我们来拉钩，拉了钩我就睡觉。"说完还主动地伸出了小手。看着他那期待的眼神，我伸出手跟他拉起钩来，最后还刻意用大拇指盖了一个"印章"说："盖了章一百年都不能变，快睡吧。""好的，我一定睡。"说完他立即转身躲进被子闭上了眼睛。这次晨旭翻了几次身就睡着了。

以后，在午睡之前我都会跟晨旭拉钩做个约定。经过这件事，我认真思考起来：我常用自己的思想和教师的权威在控制孩子的言行。孩子也有自尊心，也有自己的想法和处事原则，只要我们尊重了他们，很多事情就能简单和谐地解决，如果大人忽视了这些，那么很多师幼间的不愉快就随之产生了。久而久之，孩子就会疏远教师。一次拉钩让一个调皮的孩子变得如此乖巧。之后的很多时间，我都会放下教师的身份轻松地与孩子交流，获得孩子的信任。只有尊重幼儿，平等相处，师幼关系才会和谐，我们的教育工作才会更加顺利地进行。

神奇的故事

稣正在我们班是出了名的"捣蛋鬼"。"他好动，好起哄，行动随便……"有很多不让人喜欢的坏习惯，而最令人头疼的还是午睡，他几乎从不睡觉。躺在床上，伸腿、抬胳膊、抓耳挠腮，一会捅捅这个，一会推推那个，好像不弄出点动静来就不算一回事，弄得四周的小朋友都休息不好。和他紧挨着的得涛的妈妈已经找我好几次了，想让我给他们调位置。关于稣正的问题，我头疼极了，几次和他谈心，和他父母沟通，批评的话说了很多，鼓励的话也讲了一箩筐，虽然费尽周折，但对他来说好像不起一点作用。

一次偶然的机会，我给女儿讲《爱丽丝漫游奇境记》这本书上的故事时，不觉心中一亮：因为稣正最喜欢听稀奇古怪的故事。为了验证自己的妙计能否成功，中午午休时，我等所有的孩子都躺好后，故作神秘地说："今天，老师要给听话的小朋友讲一个非常非常神奇的故事，但必须是所有的小朋友都闭上眼睛我才能讲。"我一边说一边瞥了稣正一眼，他很不情愿地闭了一下眼睛然后马上睁开了，我没有像往常一样批评他。我开始讲爱丽丝的神奇的梦——掉进兔子洞。待故事讲完，睡眠室里异常安静，孩子们似乎都被带进了那个奇妙的梦境里，隐约还能听到早睡的孩子的鼾声。我压低声音说："小朋友们如果也想做一个像爱丽丝一样美丽的梦的话，就赶快睡着吧！起床后，我们要开一个梦的讨论会，让你们来讲讲自己做的梦。"我特意来到稣正床前，他轻声问我："老师，不睡觉能做梦吗？"我摇摇头故意显出一副无可奈何的样子。这时，只见他很努力地闭上了眼睛，眉头还一直皱着。

十几分钟后，我再次来到他的床前，我惊喜地发现他居然睡着了，红扑扑的小脸上还带着一丝微笑。我想，也许，稣正真的做了一个甜甜的梦哩！

起床的时候，他第一个趴在我耳边告诉我说："老师，我真的做了一个梦，里面有奥特曼、葫芦娃，还有怪兽呢!"

　　这件事后，我不断地反思，每个孩子都有自己的长处和短处，有些调皮的孩子光批评是远远不够的，针对不同的孩子要用不同的方式办法教育引导他们，帮他们改掉不良的习惯。因此在与孩子的相处中，就要学做一个有心人，不断思考，不断总结。

一场暴雨引发的思考

天气特别闷热，好像一直在酝酿一场大雨。下午我在办公室和老师们一起教研，四点多的时候，天空突然乌云密布，天顿时黑了下来，好像到了晚上，狂风大作，大雨瓢泼一般倾泻下来。原定的放学后的家长会被取消了，我匆匆结束了教研活动来到了教室里通知家长会取消的事情，谁知一到教室，我就看到了这样一幕：班上有五六个孩子在哭，两位老师在劝解。我一问才知道：原来是孩子们看到天黑了，妈妈还没有来接他们，以为是到了晚上还不让回家。知道了原因，我连忙给孩子们讲："其实现在还不到放学的时间，还是白天，只是因为下雨天才变得像晚上一样黑了。过一会儿到放学的时间妈妈就会来接了，即使不来接，还有老师在呢，我们都上大班了，不论遇到什么事情，一定要想一想，不能一遇到事情就哭，要做一个勇敢、爱动脑筋的孩子。"孩子们听了之后，情绪稳定了下来，又投入到后面的活动中去了。

可是过了一会儿，我看到以轩还是在哭，就感到非常奇怪，以轩是一个天不怕、地不怕的男孩子，这点事怎么还哭呢？我走过去问他："以轩你怎么还哭呢？老师已经说过了现在还不到放学的时间，一会妈妈就来接你的，你不是最勇敢的吗？"以轩说："我妈妈说我今天不听话就不来接我了？"我这才想起来昨天下午放学时的事。

昨天下午孩子们学写数字 3，可是以轩不太会写，手把手教他写了几个之后，他就再也不写。下午放学的时候他妈妈问我以轩在幼儿园表现怎么样，我说："今天学写 3，可是轩轩不太会，你晚上教一教他吧，只要掌握格式了，写两三行就行了。"我是想让他妈妈晚上帮助他学习写一写。他妈妈听了之后非常生气，就说："以轩是不是光玩了，老师他如果不写你就狠狠批评他，实在不听揍他几下也行，如果明天再不听话，你就给我打电话，我就不来接他了，不要他了，以轩你听好了，我已经给老师说了，再不听话，我就不来接你了。"我对以轩说："下一次写数字的时候，以轩一定会认真写的是吧？"以轩点点头，这时又有其他的家长来接孩子了，以轩就走了。

想到这儿我就问："以轩，今天你表现得怎么样呢？"以轩说："我今天表现好，老师你给我妈妈打电话让她来接我吧，我以后一定好好表现。"听了他的话，我连忙说："现在还不到放学时间，一会儿放学了妈妈就会来接你的，妈妈说不来接你，是想让你表现好，其实妈妈是最爱你的。虽然你做错了，妈妈批评你，但是你改正了，妈妈就会更喜欢你了，不会不要你的。一会儿妈妈就会来的。"听了我的话，他才止住了眼泪。

这件事情让我思考的是，在我们和家长交流的时候，一定要注意自己语言表达的方式、方法。虽然我的用意是为了让罗以轩的妈妈帮助他学习 3 的书写，我也说了只写两行就可以了，可是他的妈妈认为他没好好写，非常生气，所以就说出了这些大人经常威胁孩子的话，在家长看来这些话都是很平常的话。如果不是遇到这样的天气，罗以轩可能也忘记了妈妈的话，也不会害怕了。作为老师，我可能就不会意识到这些话已经对孩子的心理造成了伤害。由此，我想我们还要引导家长用正确的方法教育孩子，不论孩子做了怎样的事情，作为父母一定要好好地从正面引导教育他们，而不是威胁他们。往往大人不经意的一句话，就会给他们幼小的心灵带来非常大的伤害。

总是穿反鞋子的晨晨

　　每天的午睡起床后，我都会组织孩子们坐下来，稍作休息，安静以后为接下来的活动做准备，顺便也检查一下自己和同伴的鞋子有没有穿反，秋衣有没有塞到裤子里等，帮助幼儿整理好衣物。这时，轩轩喊道："老师，晨晨的鞋子又穿反了。"晨晨看了看自己的鞋子（晨晨每次的鞋子都是穿反的），立即换了过来。紧接着，硕硕又跑到我面前问我："老师，你看我的鞋子对了吗？"我说："你的脚穿得舒服吗？"（其实，他穿的是对的）他便走开了，可没想到他回去后，竟然把正的又换成了反的。依依发现硕硕的鞋子穿反了，提醒他把鞋子换回来，硕硕把两只鞋子一起脱了下来，在那儿比画了半天，可穿到脚上的还是反着的。很明显，他对鞋子的正反还分不清楚。

　　对于中班的孩子，大部分幼儿都能穿对裤子和鞋子。而对于这几个个案，我经过反复观察及与家长交流，发现原因有两个：一是家庭因素。家人过于溺爱孩子，任何事情都包办代替，帮助而不是教会；二是客观条件。由于这两个孩子的年龄较小，阶段发展相对比较迟缓。因此，虽然上中班了，但还是常会出现把鞋子反穿的现象。后来我在班级开展了系列活动，然后在生活活动中引导孩子互相关注、互相提醒并与家长进行了沟通，慢慢地他们都掌握了正确的穿鞋方法。通过同伴互助、相互监督的过程，也让幼儿学习了如何关注自己的同伴、关心他人，培养幼儿助人为乐的良好品质。

和孩子一起走进绘本世界

2008年暑假我看到了《爱心树》这本书，被深深感动了，这是我读的第一本绘本。当时我还不知道它是绘本书，也从来没听过绘本的概念，慢慢地才开始对绘本有了一点了解。后来在网上看到了应彩云老师的绘本教学活动，知道了原来绘本除了用来读，还可以用来开展教学活动。于是便在网上搜索关于绘本的资料，才发现绘本是一个充满魅力、充满想象、充满童趣、创意无限的神奇世界，是一个属于孩子的世界。于是便想买一些给上大班的女儿读，可是我找遍了县城所有的书店，都没有找到一本绘本书的影子。很多书店的老板根本没有听说过什么是绘本，有个书店的老板说："曾经进过一些绘本书，可是很多人看了之后认为字太少，价钱太贵，没人买，都退回去了。"我只好在网上给女儿买了一些——《母鸡萝丝去散步》《月亮的味道》《不一样的卡梅拉》《神奇校车》等，没想到每一本女儿都爱不释手、百看不厌，我也深深喜欢上了这些精美的图画书，从此经常上网浏览，购买一些适合女儿的图画书。女儿看完之后，我就把这些书带到班里让孩子们看，有时他们喜欢自己看，有时他们会让我给他们讲。2010年春开家长会的时候，我也曾给家长介绍过，可引导孩子们多看一些绘本书，种种原因吧，也没有家长给孩子们买。我对绘本的认识也不够深刻，又一年5月份培训之后，经董老师的推荐，进一步认识了绘本的魅力，我们幼儿园正好也购进了一大批优秀的绘本，所以我和孩子们开始了阅读绘本的探索。

虽然接触绘本有一段时间了，但是真正地、认真地、用心地和孩子们一起阅读还只有半年的时间，短短的半年时间让我和孩子一起走进了绘本里神奇的世界。

《我妈妈》

当我看到安东尼·布朗的《我妈妈》这个绘本时，立刻喜欢上了它的风格。图画里的妈妈身着睡袍、脚踩拖鞋，妈妈的睡袍像是一座花园，拖鞋则是粉红色的，这种家居式的打扮极具亲切感。他借着孩子天真自豪的口吻，描绘了心目中无所不能的妈妈，所以我最先选择了这本书和孩子们一起阅读。当孩子们刚看到这个妈妈时，有的孩子说这么丑的妈妈呀，但是当他们一页一页地看下去的时候，孩子们都爱上了这个妈妈。当看到妈妈是全世界最强壮的女人时，很多孩子都说，妈妈有时候也提很多很多的东西上楼；看到妈妈吼起来像狮子一样凶猛时，都说自己的妈妈批评自己的时候也这样；看到妈妈像沙发一样舒适，鲁正想到了妈妈的怀抱像沙发一样柔软、温暖；看到妈妈是一个超人妈妈时，很多孩子也说自己的妈妈很厉害。有的说，我生病时妈妈抱着我去看病，能一口气上到五楼；有的说，有一次我家进来一只蝙蝠，我很害怕，妈妈拿着笤帚把它赶跑了；有的说，我妈妈天天上班、做饭、扫地、洗衣服；看到妈妈永远爱我时，孩子们纷纷说我妈妈爱我，我也爱妈妈。

当孩子们讨论喜欢什么样的妈妈时，晓宇说喜欢像蝴蝶一样美丽的妈妈，浩祯说喜欢像宇航员的妈妈，梦琪说喜欢像舞蹈家的妈妈，柯萱说喜欢当画家的妈妈，因为她妈妈每天都化妆化得很漂亮，廷枢说喜欢妈妈是个有魔法的园丁，那样妈妈就会有神奇的力量，佳琪说她喜欢妈妈是个仙子……每个孩子心中都有一个自己喜欢的妈妈。

在让孩子说一说怎样爱妈妈时，他们纷纷站起来诉说对妈妈的爱。有的说回到家给妈妈捶捶背、给妈妈拿拖鞋、给妈妈端水，有的说帮妈妈打扫。我启发孩子们可以自己做一件事情表达对妈妈的爱，有的孩子做卡片，有的孩子画画，有的孩子用橡皮泥捏东西，还有的孩子不吃加餐留给妈妈吃。在接下来好多天的图书区里，孩子们还是爱不释手地看着这本书。看着孩子发现了书中有很多很多的花和"心"，细心的孩子还发现了妈妈的两个脸蛋是两颗心，经常有孩子会把我喊过去欣喜地告诉我他们的新发现。阅读结束后，有的孩子向妈妈介绍了这本书，丽箫和浩然的妈妈还从班中将这本书借回家和孩子一起看。看到家长这么喜欢，我便让喜欢的家长轮流把书带回去和孩子们一起读，并且向他们推荐了一些绘本书。有些家长还自己买了一些绘本，这是我不曾想到的结果，给了我非常深刻的感触。我感到只要我们努力给孩子提供一个读书的机会，他们就会喜欢上阅读，只要我们让家长看到阅读之后孩子的成长，家长也会给孩子们提供阅读的空间。

《我爸爸》

《我爸爸》这本书也是安东尼·布朗的作品，这本书中爸爸的造型和我妈妈相仿，绘本采用的是超现实的绘画方法，用孩子的眼光描绘了一个可爱、幽默，在孩子眼里却了不起的、伟大的爸爸形象。它还获得国际安徒生绘本插图大奖。书中描绘的是一位随和而又让孩子崇拜的爸爸，不仅样样事情都在行、给孩子十足的安全感，而且温暖得像太阳。可是当孩子们刚看到爸爸时发出了和刚看到妈妈时一样的声音，几乎是异口同声地说："好丑呀，好难看呀。"

一页一页地看下去，孩子们觉得爸爸越来越棒。"我爸爸连坏蛋大野狼都不怕，他一跳可以飞过月亮，还会走钢索（而且不会掉下来）。他敢和巨人摔跤，轻轻松松就跑了第一名，他吃得像马一样多，游得像鱼一样快，像大猩猩一样强壮，也像河马一样快乐，像房子一样高大，像泰迪熊一样柔软，他像猫头鹰一样聪明，我爸爸是个伟大的舞蹈家，也是个了不起的歌手。他踢足球的技术一流，还常常逗我哈哈大笑。我爱我爸爸，而且你知道吗？爸爸也爱我，永远爱我。"

当读完这本书的时候，这个一开始孩子看着很丑、很难看的爸爸，变成了一个强壮、快乐、高大、温柔、聪明的爸爸。当孩子们说自己爸爸本领的时候，和说妈妈时有些不同，有部分孩子说自己的爸爸很厉害：会开车，会修电脑，会修水管，会做饭、拖地；而有一少部分孩子说不出爸爸的优点，他们说爸爸爱喝酒，爱玩游戏，爱看电视。从孩子的表达中我看出了妈妈和爸爸在孩子生活中角色的不同，有些爸爸确实是忙于工作而忽视了和孩子亲近的机会，这是一个非常普遍的现象。在接送孩子的时候我和部分家长进行了简短的交流，并让他们把书带回家和孩子一起阅读。子涵的妈妈说，涵涵的爸爸在部队工作，以前涵涵很少见到他，现在正准备转业，这几天在家，涵涵就缠着爸爸一起读了好几遍这本书，爸爸表示以后会尽可能多陪陪孩子；

丽箫的爸爸说自己总是忙着做生意，很少和孩子一起玩，每天回到家孩子就睡着了，通过看这本书了解了父亲在孩子成长中的重要地位，表示也会多和孩子一起玩。不管这两位爸爸能不能做到，但是通过读《我爸爸》，孩子们知道爸爸是最勇敢、最强壮、最聪明的人，虽然不能像妈妈那样经常陪伴自己，但是爸爸对自己的爱是永远不变的，爸爸们也意识到陪伴对孩子的重要性。

《大卫，不可以》

这是一本获奖无数的图书，也是孩子们最喜欢的书，这个天真无邪、无法无天、把家里搞得一团糟的小男孩，让他们觉得又开心又释怀，画面非常接近孩子的画，让孩子非常喜欢。每一个孩子都能从中找到自己的影子，每一个妈妈都像大卫的妈妈一样说着：不可以！作者大卫·香农深谙儿童心理以及教育孩子的艺术，精准地抓住了大卫脸上的表情，对每一种"不可以"的微妙差别都作出了恰如其分的诠注。懂得什么时候该对孩子说"不可以"，什么情况下该坚决制止孩子的不良行为与习惯，什么情形下采取什么方法对孩子进行必要的处罚，重要的是，他知道犯了过错的孩子尤其需要母爱。

孩子们读这本书比读任何一本书时都要开心，他们不时发出惊叹声和大笑声，当看到大卫被罚坐在墙角的小圆凳上流眼泪时，孩子们说："大卫不听话，妈妈不喜欢他。"多愁善感的廷枢含着眼泪问我："姬老师，大卫的妈妈是不是不要他了？"我说："当然不会了，我们来看看吧。"当他看到大卫被妈妈紧紧地搂在怀里，幸福地闭上了眼睛时，他释怀了。妈妈一句"大卫乖，我爱你"，就是这句话化解了大卫所有的眼泪和委屈，也让廷枢的脸上露出了笑容，我为孩子们能融入书中而感动，从而深深体会到孩子是多么需要妈妈的爱，又是多么需要探索，作为母亲我们要爱孩子，更要理解孩子。孩子们也通过读这本书理解了妈妈说"不可以"背后的爱的含义，不论妈妈怎么说不可以，妈妈都是爱他的。

《好饿的毛毛虫》

这本书吸引我的点，第一是书的色彩很丰富，并且不是刻板的印刷体，而是粗朴的手画，并且是像孩子画的一样。第二，这本书用很可爱的方法讲了毛毛虫变蝴蝶这一自然现象。但是在和孩子们一起读书时，却发现孩子们最喜欢的是毛毛虫不断地吃东西，吃过之后留下的小圆洞。最喜欢周六毛毛虫吃了很多东西的那一幅，看过一遍之后有的孩子就记住毛毛虫吃的这十样东西了，真是佩服他们的记忆力。读这本书的过程中和孩子们一起了解了毛毛虫变蝴蝶的过程，学习了一些量词，感受了作者艾瑞·卡尔描绘自然界真实生命的趣味性，欣赏了书中绚烂、明亮的色彩。这本书依然是图书区里最吸引孩子们的绘本之一。

《母鸡萝丝去散步》

我特别喜欢这本书，书的画面很美。夕阳的余晖洒在井井有条的农场上，洒在整齐的农舍上，洒在拖拉机、倚墙的叉子等农具上，结满了苹果、梨的果树，开满了花的池塘，金灿灿的庄稼，温暖的草堆，小磨坊，一排排的蜂房……

主人公就是那只叫作萝丝的母鸡了。萝丝憨憨的、胖胖的，悠然自得地迈着方步在晚饭之前散步去了，丝毫没注意到身后那险象环生的一幕幕。

另外一个主人公，或者说是真正意义上的主人公，就是那只倒霉狐狸。这只妖媚的狐狸上蹿下跳，或弓或屈，竭尽所能。可是这只妖媚的狐狸太倒霉了：狐狸被钉耙撞到嘴，狐狸落入了池塘，狐狸被埋进了干草堆中，狐狸给压在了面粉下，狐狸摔到了手推车里，狐狸被蜜蜂追得抱头逃窜……可怜的狐狸，遭受了这么多，都没哼一声。

因为太喜欢了，所以就想拿来和孩子们一起读。早上拿到教室里之后随手放在了电脑桌上就去提水了，当我回来后发现天元趴在桌子上咯咯咯地笑，我走过去一看，原来他在看《母鸡萝丝去散步》。他的笑声也吸引了其他的孩子来围观，书中的故事让他们笑得前仰后合。孩子们陆陆续续地来了，他们都围着这本书看，看到这一现象我决定把它放在图书区里，先让孩子们自己看，再集体看。一周的时间里，每次都有几个孩子被它逗得开怀大笑。在集体分享这本书的时候，孩子们比读其他书的时候要活跃很多。他们已经完全熟悉了故事的情节，鲁正和廷枢还讲述了很多的细节：青蛙被狐狸吓得跳了起来，小老鼠吓得要逃跑了，树上还有鸟窝……孩子们边讲边捧腹大笑。从读这本书中我发现了，很多的书让孩子先看，往往比我们先引领他们看，能让他们发现得更多，观察得更细，他们会用他们的内心、他们的眼睛、他们的兴趣、他们的角度去看，而我们成人总是在想这本书对孩子的教育价值是什么？我们要引领他们看什么，感受什么？我们带孩子一起读图画书不应仅仅要传递给孩子们那些所谓教育的价值，而更应该是让他们体验阅读的快乐，欣赏绘本的美，感受绘本的精彩与童趣。爱上阅读，这是孩子给我的启发。

从此，很多的书都是让孩子们看，再集体分享。

《首先有一个苹果》

《首先有一个苹果》，是日本作家伊东宽创作的非常有名的关于数的绘本，书的画风诙谐幽默，故事情节丰富多变。首先有一个苹果，两条虫子从里面钻出来，三只鸟想吃虫子……作者巧妙地把原本枯燥的数字融入形象生动的故事中。苹果总是一个，虫子总是两条，小鸟总是三只……通过阅读和寻找，孩子们把数字和形象结合起来，不断巩固对数字的认识。作者的匠心并不止于单纯的数认识：三只鸟追两只虫子，总有一只鸟追不上；四个猎人打三只鸟，总有一个猎人打不到，中班的孩子可以借助这本书来比较相邻两数之间多一少一的关系。孩子们在理解数量关系的同时，还看到了很多的细节，猎人之间的动作是不同的，熊之间的表情和动作也是不同的，发展了孩子的观察能力。

《谁藏起来了》

《谁藏起来了》是一本有关观察力、记忆力、思维能力的游戏书，孩子们都很喜欢。狗、老虎、河马、斑马、袋鼠、狮子、兔子……孩子们喜欢的18个动物朋友逐个登场亮相，它们都瞪大眼睛看着读者。每次翻页都让孩子们来猜猜"谁藏起来了""谁哭了""谁转过身去了"……巧妙的艺术构思和精致的手工剪贴，让动物们轮流躲藏、变换姿态。通过快乐的游戏，孩子们初步认识了可爱的动物，并且在一次次的猜谜中不知不觉地增强了观察力、记忆力以及对动物特征的理解。孩子们都会兴致盎然地乐在其中。

《月亮的味道》

《月亮的味道》是一本由波兰作家麦克·格雷涅茨创作的著名图画书，是一本真正充满了童趣的书。故事浅显易懂，讲述了月亮和一群小动物之间的有趣故事。

这是一本关于吃的书。那圆圆的、黄黄的月亮可以吃吗？是软的，还是脆的？它是什么味道的？是甜的，还是咸的？是像饼干一样脆脆香香的，还是像橘子一样甜甜酸酸的呢？可是，该怎样才能品尝到月亮呢？动物们一个叠一个，搭起了天梯，而月亮也和小动物们玩起了游戏，天梯每增高一节，月亮就会跳高一点。每当有一个新的动物站上去的时候，孩子们都屏住呼吸，专注地看，可是当月亮又跳高一点时，孩子们又会泄气地叹气。当那只长着一对粉红色大耳朵的小老鼠爬上天梯时，月亮也玩累了，小老鼠成功地吃到了月亮，孩子们也松了一口气，鼓起掌来。动物们如愿以偿地品尝到了月亮的美味，美好的愿望实现了，它们一个挤着一个心满意足地睡着了，这时候的月亮变成了一牙弯月，画面的颜色也充满了温暖的色调。本来，故事到这里就可以结束了，可是，作者不干，突然又甩出这样一句话来：一条小鱼看着这一切，又把孩子们带进了无限的遐想之中。

《鳄鱼怕怕　牙医怕怕》

这是日本作家五味太郎的经典绘本，作品用简单的语句，在反复之中，将两个角色间复杂的心理变化刻画得淋漓尽致。他们相互惧怕，可是那颗蛀牙把他们凑到了一起。凶恶的鳄鱼只得乖乖听牙医的摆弄，而红脸的牙医也只能壮着胆子上。这本书不但向孩子传递了一定要保护好牙齿、坚持每天刷牙的信息，还让孩子们知道了生活中有很多事情，尽管我们不喜欢，甚至害怕去做，可是我们必须要去做，要勇敢地去面对。

《彩虹色的花》

这本书也是波兰作家麦克·格雷涅茨的作品，看到这个书名让我想起了小时候读到的那个童话故事《七色花》，本以为是根据那个童话故事绘制的呢，但是事实上不是这样的。这是一个爱的故事，书中的主人公彩虹色的花没有七色花神奇的法力，它只是一朵普普通通的花，但是它用它的花瓣帮助了所有的人，当一个个小动物各怀心事从它面前经过时，彩虹色的花都热心地帮助它们。蚂蚁、蜥蜴、老鼠……它们因为彩虹色的花的帮助而快乐，当孩子们看到彩虹色的花的花瓣没有了、花茎折断了的时候，心情也变得沉重了。当孩子们看到从雪中升起一道耀眼的彩虹色光芒，把天空照亮了，所有被彩虹色的花帮助过的小动物全都跑来了，孩子们发出一阵欢呼。整个故事充盈着朋友之间浓浓的友爱，诉说着朋友间无私奉献和互助关爱的美好情感。

　　这本书还有一个吸引我和孩子们的原因，它能让看到它的人心情无比愉悦，因为它色彩艳丽，而且画得非常细致，将四季的变化描绘得活灵活现，随着时间的推移，天空中云朵的颜色、土地的色彩与层次都描绘得很细腻……当你看到火红的太阳露出头来，一双灵动的大眼睛盯着眼前一朵小小的花时，你的心情是惊喜！当你看到那朵小小的花每个花瓣都有着与众不同的颜色时，你的心情是惊艳与不可思议，只是看着这些画面就是一种享受。

搭建区的点滴思考

自从本学期开展区域活动以来孩子们每天都在区域中自主地活动，获得了无限的乐趣。可是有的区孩子都愿意去，有的区又没有人愿意去，为了避免这一现象，我们设置了区域卡，为的就是让每一个区中都有孩子。这一个区的卡被其他小朋友取完了，你就要拿其他区域的卡到相应的区域中去玩，这就不会出现一个区很挤，另一个区没人玩的现象了。我们班45个孩子，有5个常规区，每个区中最多9个卡，这样一直没再发生争吵、拥挤的现象了。

但是过了一段时间，我发现搭建区的孩子每次搭建的"建筑"都非常小，通过观察我发现了，原来，还是因为搭建区的地方小、孩子多造成的。为了解决这一问题，我把原来的9个卡去掉了5个，这样每次的活动就只有4个孩子能在搭建区里玩。慢慢地孩子们都能搭建大型的"建筑"了，而且还有了很大的规模。有时候一次活动搭建不完，下次的活动中他们会接着搭建，有时候会有其他孩子在他们的基础上继续搭建，往往会有更好的创意。后来我在搭建区中又贴上了莘县燕塔、大桥等一些幼儿熟悉的建筑，这样又给孩子提供了想象的基础和依据，让他们能有中生有，搭建出更有创意的建筑。

从这段时间的观察中，我发现虽然区域活动是幼儿根据自己的意愿自主选择的活动，教师的指导也应该是间接地；但是如果在区域中孩子所进行的活动都是随意的，老师又是无计划无指导，那么孩子是不可能得到发展的。只有以幼儿的关键经验、需要和兴趣为主要依据，创设具有开放性、丰富性、挑战性的学习环境，让幼儿自由选择活动，老师再加以有针对性的、有目的性的、间接的指导，幼儿才能获得个性化、全面性的发展。

影子的探索

　　这次我们小组教研活动的教案由我设计并实施，我选择了中班下册主题三《寻找小秘密》中的《有趣的影子》这个活动，选择这一活动的原因有两点：第一，以往在进行《寻找小秘密》的主题活动时，老师们对关于水的秘密、空气的秘密研讨比较多，但是关于影子的活动关注得非常少，平时的公开课中也没有老师上，主要原因是开展影子的活动要在比较黑暗的屋子里进行，而我们的教室很难创设这样的条件，以前有关影子的活动，多是让孩子在天气好的时候，去室外玩踩影子的游戏，没有引导孩子们探索、观察影子的产生和变化。第二，影子是孩子们比较熟悉的、贴近他们生活的，只是在平时生活中没有人引导，幼儿不会主动去关注，但是通过以往玩踩影子的游戏发现，他们对影子的活动是非常感兴趣的，如果给他们创设环境，提供机会，孩子会获得什么样的经验？是我所期待看到的。所以这个活动无论是对我们，还是对孩子都是有挑战的。

　　活动目标：

　　1. 知道影子的变化与光和物体的位置有关，在探索实验中获得对影子变化的经验。

　　2. 体验影子游戏的乐趣。

　　活动准备：

　　投影仪，手电筒、积木若干

　　活动过程：

　　1. 教师玩手影游戏引起幼儿兴趣。幼儿根据已有经验说一说在哪里还见过哪些东西的影子。

　　2. 通过实验让幼儿了解影子的产生。

提问：影子什么时候会出现？

（1）用投影仪将光投到墙上，墙上有影子吗？

（2）用玩具挡住光线，现在墙上有影子吗？为什么？（玩具挡住了光线，所以出现了影子）

（3）关掉投影仪，现在墙上有影子吗？为什么？（没有光，有物体，也不会产生影子）

物体出现在光线前面，挡住了光线的前进，光透不过去，它的后面就会出现自己的影子。

小结：影子的产生有两个条件，一要有光，二要有不透光的物体。光照在不透光的物体上，就会出现影子。

3. 自由探索，引导幼儿发现影子的变化与光和物体位置的关系。

（1）幼儿每人一个手电筒、一个玩具，玩影子游戏，通过操作实验来寻找影子的变化与光和物体位置的关系。

请你去玩一玩，看看你能让影子发生哪些变化？

（2）幼儿说一说自己的发现，并演示给大家看。

小结：影子的变化，随着与光和物体位置的变化而变化。

活动延伸：

户外游戏：踩影子

幼儿在阳光下自由活动，观察自己的影子，找出规律：人动，影子动；人停，影子停；影子跟着人。

我把多功能厅布置成一个黑暗的屋子，带了 20 名幼儿开始了活动。

活动中出现的问题：

1. 教师玩手影游戏，孩子不是太感兴趣，不太吸引孩子。

2. 在幼儿"通过实验让幼儿了解影子的产生"这个环节中，孩子们对理解影子的产生需要光和物体这两个条件发生了困难。

原因有：第一，投影仪投到大屏幕上的光是蓝色的（一般都是白色的，这台投影仪的线出问题了，是我没预想到的，准备工作做得不够），所以孩子们总是认为投影仪发出的光是大屏幕，经过反复引导，孩子们才理解积木挡住的是投影仪发出的光。

第二，当积木出现在光的前面时就有影子，拿开积木时就没有影子，孩子们不理解是积木挡住了光，也是经过老师的反复引导，才理解物体挡住光才会有影子。

反思：一开始设计活动时，感到孩子对影子的产生条件应该是很容易理解的，但是在活动的过程中发现，孩子对这点理解起来非常困难，由此可以看出我在活动前对孩子的已有经验了解不够，而且还是站在了成人的角度来思考问题。在这个环节中为了让幼儿明白，我用了过多的语言和时间，致使整个活动用了30多分钟才完成。

3. 在自由探索的环节中，孩子们兴趣非常浓厚，大多数孩子都积极地探索，而且他们探索出了有关影子的很多变化，如：光远时影子就长，光近时影子就短，物体大时影子大，物体小时影子小；光源的方向不一样，影子的方向也不一样；光在物体的正上方紧挨着物体时影子就藏到物体下面去了，当光离物体远一些时，影子又大了，等等，通过这一环节孩子发现了影子的变化与光和物体位置的关系。在孩子们分享结束时，本想按预定计划做小结，影子的变化随着与光和物体位置的变化而变化，但是考虑到孩子们已经获得了这样的经验，而且这句话他们可能不易理解，没做小结就结束了活动。但是，在这个环节中有3个幼儿只是拿着手电筒到处照着玩，当我问他们："你们发现了影子有什么变化吗？"他们才投入到实验中，可是当我离开后，他们又自由玩了起来。

反思：通过活动我感到只要我们给孩子提供合适的材料和给予适当的引导，孩子们就会通过自己的探索获得我们意想不到的收获。所以在科学活动中一定要让幼儿亲自去操作、去尝试、去探索，把知识转化为幼儿的行动，通过多感官的体验来获得经验。但是针对那3个拿着手电筒自由玩的孩子，还需要我进一步了解他们的具体情况，做出有针对性的引导。也可能是这次的活动孩子有点多，一个老师很难全部照顾到。

根据活动中出现的问题，老师们建议：

1. 导入活动用猜谜语的方法。

2. 在引导幼儿理解影子的产生需要光和物体这两个条件时，不再用投影仪作为光源，而是用大的手电筒做光源。

调整之后，由我们组的王霄老师带16名幼儿展开活动。

王老师活动中的问题和我的问题差不多正好相反，在这次活动中孩子们很容易就理解了影子的产生是因为物体挡住了影子。但是在孩子探索影子的变化时，大多数孩子只发现了影子能变长、变短，没有发现影子的其他变化，这可能是因为王老师刚刚上班半年多，经验不足，老师说让孩子找一找影子的秘密，秘密一词比较笼统，不够具体，对孩子的引导不到位。

根据王老师活动的情况，我们又做了些小的调整，活动过程不变，只是自由探索环节中的问题要具体一些，有针对性一些。

这次由杨老师带16名幼儿活动。

活动中的问题是，这批孩子依然对理解影子的产生需要光和物体这两个条件发生了困难，而且探索环节中多数孩子也只是发现了怎样让影子变大、变小、变长、变短，这可能是老师的指导语过于具体，限制了孩子的探索。

通过三次活动，我们发现了影子产生的条件对很多幼儿来说是个难点，并且在探索活动中，孩子们的差别特别大，有的孩子是积极主动的，有的孩子是盲从的，有的孩子是被动的，通过反思，我们认识到孩子的已有经验是不同的，所以在活动中的表现也是不同的。那么怎样让孩子通过活动了解影子是怎样产生的呢？怎样让他们获得最直接的经验？经过讨论我们想，如果孩子自己尝试制造影子，孩子应该更容易理解。但是具体怎样操作我们也感到很困惑。

一次放学后，我和张老师聊起了这个活动，她建议刘占兰老师主编的《聚焦幼儿园教育教学：反思与评价》中有一个《光和影》的案例可以借鉴一下。于是我们找来了这个案例进行了仔细研读，并借鉴了他们的经验，重新制定了活动方案。

活动目标：

1. 通过探索活动了解影子产生的条件。

2. 通过探索活动发现影子的变化与光和物体位置有关。

活动准备：

1. 活动前带幼儿到操场玩找影子、踩影子的游戏。

2. 手电筒、玩具若干。

活动过程：

1. 幼儿探索影子产生的条件。

你能制造影子吗？制造影子需要什么？

2. 继续探索影子的变化与光和物体位置的有关。

你能让影子发生变化吗？你让影子发生了哪些变化？它是怎样变化的？

这次为了方便指导，我带10名幼儿活动。

这次在制作影子的活动中，孩子们说："积木挡住了手电筒的光，就有影子""光照在玩具上就有影子了"，通过实验他们都发现了产生影子需要光和物体。并且还发现了，光照在不同的玩具上，影子也不一样。看到孩子们了解了影子产生的条件，我引导他们继续探索影子的变化，就问："你们能让影子发生变化吗？"世正马上说："老师我能，积木离手电筒近，影子就小，离手电筒远，影子就大。"我问："你怎么知道的？"他说："我家门口有路灯，有一次我和爸爸在路灯那里玩，我的影子一会儿变大，一会儿变小，我就问爸爸为什么？爸爸就让我站在离电线杆很近的地方，我看到我的影子很小一点，爸爸又让我离电线杆远一点，我的影子就变大了。"（真是细心的爸爸）我就问他："那你能让影子发生其他的变化吗？"他说："我试试吧。"我又问其他的孩子："你们能让影子发生变化吗？"他们纷纷说："我试试吧。"正在孩子们认真探索的时候，世正大声喊："老师老师，我看见了两个影子。"其他的孩子一听，纷纷围过去，我也走过去，他说："老师你看，我和克轩我们两个的手电筒照着这个积木，就有两个影子。"这时乐晨拿着她的手电筒也照着这块积木，然后说："看，三个影子了。老师，三个手电筒照，就有三个影子。"孩子们围着积木，纷纷把自己的手电筒照向积木，结果出现了一圈影子，这时雪瑶说："咦，这些影子怎么不那么黑了？"我让他们只留一个手电筒亮着，关掉其他的，观察影子的颜色，然后再打开一个，再观察影子的颜色，然后逐渐一个一个地打开手电筒，观察影子颜色的变化。活动中他们有很多的发现，不仅发现了影子能变大变小，还发现光的位置不同，影子的位置也不同。

活动反思：

通过多次的活动，我发现在科学活动中，要促进幼儿有效地学习和发现，就要根据孩子的已有经验和需要，提出适宜的活动目标和问题，让幼儿主动、自信地去探究，而且所提供的材料、提出的问题要具有渐进性，以促使幼儿主动进入更加深入的探究。作为教师我们的教学活动一定要不断实践、反思、改进，再实践、再反思、再改进，有了反思的意识，我们才能获得成长。

亲近自然，体验快乐

生活才是大课堂。我们正在开展《蔬菜总动员》园本主题活动，为了让孩子们对蔬菜的生长环境有一个更加深入的了解，11月12日我们开展了参观蔬菜高科技示范园、采摘蔬菜的园外实践活动。我们带孩子走进了蔬菜大棚，零距离观察蔬菜，辨认蔬菜，了解不同蔬菜的生长情况。

到达蔬菜基地后，一走进高大的玻璃蔬菜大棚里，一股充满绿色生机的气息扑面而来，迎面墙上各种无土栽培的蔬菜郁郁葱葱，吸引着孩子们好奇的目光，讲解员阿姨为孩子们介绍了什么是无土栽培，什么是水栽培，什么是槽式栽培，什么是柱式栽培，并让孩子们亲自去看一看，摸一摸，认真地观察、体验。

孩子们先后观察了辣椒、西红柿、顽皮南瓜、草莓、生菜、油麦、紫色油菜等几十种蔬菜不同的生长方式。在这里孩子们看到了生长在田垄里的彩色辣椒整齐有序，有红的，有黄的，有绿的，并且亲自进行了采摘、品尝；一畦畦、一片片水灵灵的西红柿有红有绿，槽式栽培的草莓更是受到孩子们极大的欢迎，他们仔细地寻找着草莓的花朵和果实，热烈地讨论着什么时候会成熟，成熟后会是什么颜色、什么味道，什么时候和妈妈一起来采摘。架在顶上的仙鹤葫芦、顽皮南瓜同样吸引着孩子们的目光，他们使劲地跳起来想和这些可爱的蔬菜打个招呼，从来没有和蔬菜朋友这样亲密接触过的孩子们，被眼前的景象所吸引，孩子们欢呼着、雀跃着，与多彩的蔬菜融为一体。

后来孩子们又参观了鲜花大棚，大棚里有四季梅、玻璃海棠、天竺葵、绿萝、菊花、矮牵牛等几十种花卉，孩子们闻闻花的香味，摸摸花的叶子，看看花的颜色，同样都是玻璃海棠，但有的叶子是绿色的，有的叶子是红色的，就连花的颜色也不一样，更奇怪的是同一个花盆里的矮牵牛就有红色、粉色、紫色等不同颜色的花，孩子们不时地交流着、讨论着、争辩着……

参观大棚为孩子们打开了了解蔬菜的一扇窗，孩子们透过这扇窗，了解了蔬菜的生长环境和种植蔬菜的高科技方法，开阔了视野，培养了孩子们的探究意识，提高了动手能力，增加了他们热爱家乡、亲近乡土的美好情感。

轮胎墙游戏的反思

场地：轮胎墙

材料：立起来的大轮胎，底部稍微埋入土中，两侧用支架固定。木板、木梯等。

我们来到寿光的一所幼儿园观摩自主游戏，当我来到轮胎墙的游戏区时，中班的小米几次尝试把长木板放到轮胎墙的一侧向上抬，却没能抬到她想要的位置。这块木板对中班的小米来说是比较重的，她的做法引起了我的注意。

镜头一：

中班的女孩小米正在用一块木板搭在轮胎的一侧向上抬，3次之后，没有调整到自己想要的位置，开始尝试从轮胎一侧的支架上把轮胎放上去，但是她试了4次都没有成功。

镜头二：

之后她选择了一侧有梯子的轮胎（比第一个轮胎小一些），顺利从梯子爬上轮胎，在轮胎上转身之后，面向轮胎，趴着小心翼翼地踩着轮胎另一侧的支架下来。

镜头三：

下来后，小米再次选择了另一个轮胎，从一侧的支架尝试爬上轮胎。2次之后成功地爬到轮胎上，然后她转身面向轮胎，尝试趴着从另一侧的梯子上下来，半分钟内试了3次。脚没有踩到梯子，她又重新爬上轮胎，转了个身，面朝外，背向轮胎，小心翼翼地伸脚尝试踩到梯子，还是有些够不到。她看了看旁边的老师，看到老师鼓励的目光继续尝试，滑下一些再次看老师，第三次之后，再滑下一些，踩到了梯子，顺利下来。

镜头四：

下来之后，小米看了看，然后把梯子向上搬，搬到和轮胎差不多的高度。

镜头五：

搭好梯子之后，小米快速跑到轮胎的另一侧，从支架爬上轮胎，然后转身，面向轮胎，趴着从梯子上下来，跳了两下。

分析与反思：

开始时，小米想把木板抬高一些，但是由于力气小，并且木板的另一头被挡着，没有成功。当她尝试从轮胎旁的小支架爬上轮胎时也没有成功，她选择了放弃。小米的这些表现可以看出木板对小米来说是比较重的，而且另外一头有一个支架挡着，她还不能搬动木板。当她尝试从支架爬轮胎时，也没有成功，轮胎对小米来说还是比较高的，有比较大的难度。

当她选择另一个小点的轮胎，并且从梯子上爬轮胎时就能比较轻松地爬上，而且较为顺利地利用轮胎旁的支架下来。这次尝试增加了她的信心，选择了另外一个同样大小的轮胎，从支架上爬。但是当她面向轮胎，趴着从另一侧的梯子上下来时，试了 3 次脚都没有踩到梯子。于是，她再次爬上轮胎，面向外，背对轮胎，准备下来时，却又有些犹豫，她看向了自己的老师，当得到老师鼓励的目光时，她向下滑了一些，再次看向老师，3 次之后，终于踩到了梯子，顺利下来。从这里可以看出遇到困难时，小米能够灵活调整自己的行为，并向一旁的老师求助，在老师的鼓励下，敢于进行尝试，并取得了成功。

当小米观察之后，发现梯子的位置太低了是她够不到的原因，她很快就把梯子抬高，抬到和轮胎差不多的高度，她再次尝试从梯子上下来时，就非常轻松顺利了。从这里可以看出，小米是个善于观察、善于发现问题，并主动解决问题的孩子。

差不多 20 分钟的时间里，小米都是在这几个轮胎之间爬上、爬下，一个人不断尝试、探索，发现问题、解决问题，在这里我看到了她勇敢、坚持、勇于挑战、主动解决问题的积极学习品质，同时也看到了老师的鼓励对她挑战的支持，让她敢于尝试用脚去够到梯子，并成功完成活动。这也让她对接下来的尝试更加充满了自信和力量。

短短的几个镜头，让我们看到了自主游戏的魅力，发现了了不起的孩子。在这一段时间里，小米都是一个人在尝试、在探索，正像徐伟教授说的，一个人的游戏也精彩。

　　同时也让我们认识到，自主游戏中的放手，并不是撒手，而是站在孩子的背后，用心地去观察、用心地去感受，一个赞美的表情，一个鼓励的眼神，一个肯定的微笑，都会给予孩子坚持、尝试、探索的无形力量。

第三篇　　从心出发，求索成长

"少而好学，如日出之阳；壮而好学，如日中之光；老而好学，如炳烛之明。"怀着对幼教事业的敬畏和谦卑，对专业知识的渴望与追求，坚守"孩子的健康成长与未来发展高于一切"的教育初心，我始终以空杯心态行走在"求索成长"的路上，及时领悟新的理念、开阔视野，丰富自己的思想，提升自己的教育智慧，不断汲取专业成长的力量。

课程来自幼儿的生活

　　国培的第一天，开班典礼之后北师大冯晓霞教授做了《2010 年国家学前教育政策》的讲座，下午是虞永平教授的《让幼儿园课程回归经验》的讲座。冯晓霞教授和虞永平教授可谓当前我国学前教育领衔权威人物，第一天听他们两位的报告，着实感觉到一种高度，但是又能体验到其中内容的真实性、具体性和形象性。两场报告的信息量都非常大，记录了近半本笔记，用完了一支笔，这是我以前学习从未经历过的，结束后我仍然感到意犹未尽，仍有继续听下去的渴望，看来这就是"大家"了！

　　冯教授以当前我国学前教育的现状为切入点，分析了我国发展学前教育的方针和制度，阐述了学前教育公益性的含义，提出了学前教育发展方针的五个必须。国家政府对学前教育越来越关注，中央政府空前重视学前教育，让在座的每一位学员深切地感受到冯教授所说的"坚冰开始消融，春风扑面而来"，学前教育的春天已经到来，我们正沐浴在学前教育的春风里。

　　虞永平教授《让幼儿园课程回归经验》的讲座，给了我太多的触动，给了我太多的感悟。虞教授重点解读了幼儿园课程为何要回归经验，他认为幼儿园课程的核心是经验，经验是主体与客体相互作用过程中获得的体验、感受、能力。幼儿园的课程不是选择知识，而是为幼儿提供相互作用的机会，指出孩子的知识是由经验得来的。再看我们的教学活动，很少给孩子提供操作材料，让孩子在操作中获得经验，多是老师讲、孩子听，是知识的灌输。虽然在公开课时会给孩子们提供大量的材料，但是操作材料之后我们还是要让孩子学会知识、明白道理，让孩子通过操作来获得的是知识，我们强调的是知识，如果不这样做就感觉我们的目标没达到、任务没完成。我们还没有在观念上转变课程就是知识的认知。通过虞教授的讲座我懂得了要从理念、结构、资源等方面分析课程。课程是幼儿在幼儿园所听、所看、所做及感受到的一切；是幼儿在幼儿园中经历的事情；是幼儿在幼儿园充分表现自己的过程；是有目的、有计划引导幼儿获得有益经验的各种活动；是吸引幼儿积极卷入其中的各种事件。作为老师我们要关注的是孩子的生活，孩子的已有经验，从孩子的生活构建幼儿园的课程，让孩子在生活中感知，在行动中体验，让孩子获得经验、获得成长。

此次的培训让我很感动、很激动，我希望这次的所得所思会在日后的实践中得到行动的再现。

《指南》 幼儿发展的路标

　　听了 3 场报告，上午是华师大李季湄教授关于《3—6 岁儿童学习与发展指南》的讲座，下午是刘晶波教授的《国外幼儿社会性发展与教育动态与启示》，晚上是邱学青教授的《幼儿园游戏行为的观察与指导》，3 场报告下来让我体会到各位专家不仅有深厚的理论积淀，更有丰富的实践经验。

　　李季湄教授关于《3—6 岁儿童学习与发展指南》（后称《指南》）的讲座，讲解了《指南》制定的背景、目的、过程以及《指南》的基本理念和内容框架，《指南》包括 6 个领域，李教授重点解读了学习品质的重要性，明确了关注幼儿的学习品质是世界幼教的共同趋势。李教授用生动的案例，为我们分析了《指南》实施时的一些注意事项以及《指南》的指示作用，《指南》不是尺子、不是筛子、不是绳子，而是路标。作为老师我们心中应该有儿童发展的路标，要帮助每一个孩子获得基本的、全面的发展。

　　刘晶波教授的讲座《国外幼儿社会性发展与教育动态与启示》，通过大量的图片和视频向我们介绍分析了人除了具有生物意义的属性外，还必须具有社会属性，在幼儿日常生活中通过各种有意识的活动，发展幼儿的社会认知、社会情感、社会技能，促进幼儿社会性发展的重要性。刘教授还介绍了美国和日本的教育政策纲要中幼儿社会领域的内容和标准，并提出了目前我国儿童社会性发展存在的问题。

　　邱学青教授《幼儿园游戏行为的观察与指导》的讲座，给了我全新的感受。我们深知游戏是幼儿园的基本活动，是幼儿的天性，但是邱教授结合自己的学术研究成果，运用丰富的案例和图片，深入浅出地论述了游戏的价值，使我们深刻体会到游戏对孩子发展的意义，在游戏中教师如何观察孩子的行为，如何指导幼儿通过游戏获得发展。

触动心灵的玻璃碗

　　国培第三天依然是上午、下午、晚上都有课，上午参观了南京市实验幼儿园，下午特级教师、南京市实验幼儿园园长章丽给我们做了《幼儿园环境创设与评价》的讲座，晚上是黄进教授的《儿童主体性及其促进》讲座。

　　虽然这几天的培训给了我太多收获、太多感悟，但是每天连续9个多小时的讲座听下来还是让我们感到有些疲惫。晚饭后坐在教室里眼睛有些发胀，脑袋有些发胀，精神有些不济，睡意向我袭来，看着黄教授简单的讲义，感觉有些抽象和枯燥，真担心不能集中精力坚持把讲座听完。然而在黄教授充满激情、充满诗意的演讲中，我感到3个小时一闪而过，意犹未尽的感觉充满心间，她给我们讲述的一个个故事深深地吸引着我，触动了我的心灵……

　　其中玻璃碗的故事带给我的触动最深。我们熟知意大利幼儿教育学家、蒙台梭利教育法的创始人玛利亚·蒙台梭利1907年在罗马贫民区建立"儿童之家"。她运用自己独特的教学理念和方法对那些经济贫困、文化缺失、没人关心的流浪儿进行教育，把他们培养成为充满自信、充满智慧的人。我们在感叹、敬佩蒙台梭利的伟大之时却并不知道在蒙台梭利的"儿童之家"里，孩子们使用的餐具是用玻璃和陶瓷做的。为什么蒙台梭利会这么做呢？我不禁产生了深深的疑问。这些精致的极易打碎的玻璃碗、陶瓷碗对这些贫穷的孩子来说，充满了多么大的挑战，他们使用起来要多么的小心翼翼……如果换成结实耐用的木碗、不锈钢碗等岂不更能减少损失吗？然而我们反过来想一想：如此精致的玻璃碗对这些孩子充满了怎样的吸引力，孩子们在使用它的过程中会有怎样的行为改变呢？如果打碎了玻璃碗，他们的心情又会怎样呢？

　　其实，这些容易打破的东西本身就意味着对粗鲁行为的最好警告！这个容易打破的玻璃碗蕴涵着一种教育价值的体现：玻璃碗是容易打碎，材料本身就对孩子有些引导，也正是因为容易打碎，所以他们学会了爱惜。无形之中孩子们就学会了克制自己，学会了爱惜东西。

那么看看我们在家里、在幼儿园里给孩子用的是什么材质的餐具？我们是绝不会给孩子用玻璃碗的，因为打碎了会有经济损失，也需要付出时间打扫收拾……我们需要反思的是，我们的教育行为到底是从儿童出发，还是从成人出发？

玻璃碗的故事让我们深刻认识到教育一定要尊重儿童、相信儿童，从儿童出发的教育才是真正能被儿童接纳的教育。

做智慧的教师

　　还是三班倒的培训。今天的 3 位"大家"让我们体验了另一种全新的高度，许卓娅教授、成尚荣督学激发了全体学员思维的碰撞，孔起英教授给我们的是关于我们相对熟悉的图画书的欣赏。

　　许卓娅教授给我们做了一场精彩的《游戏精神与幼儿园音乐教育游戏研究》的讲座，许教授诙谐风趣，通过游戏互动，将枯燥的理论转化为浅显易懂的经验，让我记忆深刻。

　　在讲座过程中，许教授多次带我们一起游戏，让我们通过自己的真切感受，来体会教育心理学中学习的过程，体会幼儿在音乐游戏中体验到的快乐和困难。能够真正站在幼儿的立场上，从幼儿出发，将音乐游戏的目标贴近幼儿实际，活动设计能够基于幼儿经验，在活动过程中灵活调整实施方案。在轻松愉快的游戏氛围中，我们在许教授的带动下体验到了游戏的真谛，体验到了音乐游戏的快乐。

　　国家督学成尚荣的"教育智慧与智慧教师"讲座，让我深刻地感受到什么叫知识渊博，什么叫终身学习。成督学虽已 70 高龄，但他瘦高的外形、风趣的谈吐、微笑的神情以及不时蹦出的网络流行语，丝毫没有让人觉得他老了，感觉他比实际年龄还要年轻 20 岁。他没有讲稿，没有 PPT，就坐在我们中间，拉近了我们的距离。他口若悬河，引经据典，旁征博引，通过一个又一个生动的案例，让我们懂得要做智慧的教师，开展有智慧的教育。

　　孔起英教授的"图画书之图画欣赏"讲座，让我知道了有关图画书形式的专业术语，图画书所表现出来的信息。在图画书欣赏过程中通过边体验、边讨论的方式，关注儿童在意义形成中的主体地位，关注儿童的审美感知与体验、审美想象与创造等感性能力与审美能力的培养。

"活教育"的启示

圣诞节，国培学习依然继续。上午的讲座9点开始，因为上海市教研室主任黄琼老师一早从上海赶过来，学员们心里充满了感动。

黄老师做了"关于课程实施规范性、有效性的思考——上海二期课改当前的重点关注"的讲座，她向我们介绍了上海市教育规划纲要的理念：从学科思维到课程思维；从喜欢学生到学生喜欢；从未来幸福到现在幸福。我们曾经零零碎碎地想到这些，可为什么就是表述不出来呢？看来，这就是距离啊！

黄老师还呈现了关于课改7个方面的思考：一是关于课程实施方案的规范性，二是关于作息计划的规范性，三是关于环境创设的有效性，四是关于活动室创设的有效性，五是关于个别学习性区角的有效性，六是关于集体教学活动的有效性，七是关于反思的有效性。同时她也给了我们课程实施的建议：一是强化课程质量意识，保证课程更有意义，要规避缺失，注入价值，重视各类课程计划的规范性，保证课程实施过程的有效性，注重课程实施后的反思与调整。

讲座后学员们和黄老师进行了互动，直到中午12点半才结束。

下午参观了南京市鼓楼幼儿园。南京市鼓楼幼儿园是教育家陈鹤琴先生创办的幼儿园，是中国第一个幼儿教育研究基地，陈老的"活教育"思想处处体现。我们首先倾听了何园长的简要介绍，然后观摩了两节集体教学活动：一节为大班美术——欣赏创作"超级大苹果"，另一节为大班音乐——欣赏"放烟花"，执教老师在活动结束后及时作了教学反思。

该园的特色为幼儿的社会性发展，在孩子们区域活动的过程中，深刻感受到孩子们良好的社会性发展，孩子们想象力丰富，大胆与人交往，解决问题的能力很强，模仿成人的工作有自己独特的想法，令各位老师忍俊不禁。该园的环境创设体现了以儿童发展为本的理念，她们敞开所有大门，毫无保留地将自己的研究成果展现在我们眼前，令我感动！

向孩子学习什么？

　　向孩子学习什么？是黄进教授留给我们的作业，在黄教授向我们提出这个问题之前，我很少认真深入地思考过这个问题。工作 16 年来大多是我在教孩子们学习，但是从孩子们身上我又学到了什么呢？这几天来我一直在思考，以往的经历一幕幕在脑海中翻过。我看到了孩子的真诚、勇敢、坚持、开心、快乐。我觉得向孩子学习，除了"儿童的宽容"，更重要的一点，还是要学习儿童生活的方式，了解他们思维、做事、处世的特点，为我们能够更好地从自己的实际出发来教育他们打好基础。

　　孩子是真诚的，这个世界反映给他什么，或者说他感知到什么他就做出什么样的反应，他觉得开心就笑，而不会考虑是不是真的可笑，或者觉得即使可笑也没什么好笑的。当然他觉得不开心就哭，但往往这哭来得快去得也快，好像他刚才那声嘶力竭的哭泣不是发自内心的难过。

　　孩子是单纯的，有什么就说什么，喜欢就是喜欢，不喜欢就是不喜欢，没有任何的掩饰和伪装，给我们的是一个真实的世界，感受的是一种纯洁的美好。可是我们大人往往做不到像孩子般的纯真无瑕，每天生活在面具之下，这样的生活会不会让你有些窒息的感觉？让我们赶紧向孩子们学习，把自己释放出来，重新在阳光下畅快呼吸！

　　孩子具有独特的思维方式，他们的一些想法常常给成人以启示，我们不要因为怕丢面子而挫伤幼儿的自尊心和创造激情，而应放手让孩子主动探索，大胆说出自己的想法。这样，幼儿才会敢想、敢说、能思考、会发现，具有创造的心态，而不是被动接受、墨守成规、消极顺从。

　　孩子身上具有的许多美德值得我们成年人好好学习。比如快乐，成年人往往热衷于竞争，甚至睚眦必报，不如儿童转瞬就能忘记不高兴的事情；比如亲情，孩子最渴望得到父母的爱抚，缠着母亲拥抱，缠着父亲嬉闹，而不少成年人推说公务缠身应酬繁忙，平均每天与家人交流不到 10 分钟……孩子身上有太多我们正在失去的东西，正像中国道家学派所说，人应该追求的最高生命境界，就是回归到婴儿的本初状态。

就让我们做教师的人，首先做到，从孩子们的身上学习那些我们曾经拥有却已丢失的珍贵东西，让我们与孩子一样，对生活充满希望，充满快乐！

走进南京太平巷幼儿园

12 月 27 日上午，我们国培班的老师来到了南京市太平巷幼儿园参观学习。

南京太平巷幼儿园是一座环境优美、温馨舒适的幼儿园。来到幼儿园，首先映入我们眼帘的是一道长廊，整个长廊是老师和孩子们精心布置的红红火火中国年，充满了喜庆、充满了我国的民族特色。在多功能厅里，园长向我们介绍了幼儿园的历史和幼儿园的课程特色，接下来我们观摩了徐文烨老师执教的大班音乐欣赏活动《小货郎》。徐老师从幼儿的兴趣出发创设了小货郎卖货的情景，深深地吸引了孩子们。教师在教学活动中是孩子的引导者、支持者，他引领孩子去倾听、发现歌曲的特点，鼓励孩子用动作表现歌曲，对孩子的学习以鼓励和欣赏为主。因此孩子们在学习中是快乐的、自信的、自主的，这点非常值得我们去学习和思考。

然后我们主要观看了他们幼儿园的环境布置和区域活动，无论是环境还是区域活动都充分体现出他们的田园课程特色，而这些特色处处渗透在活动的每一个环节中。

室内环境布置处处体现以孩子为主体，活动室墙上贴的、挂的都是幼儿的作品，主题环境的创设很明显地在幼儿的作品中展现出来。

他们的区域活动是教师根据幼儿兴趣需要，创设具有开放性、丰富性、挑战性的学习环境，让幼儿在与材料、环境、同伴、教师互动中自主选择、自主探究，从而获得个性化、全面性的发展。他们把握了区域活动的精髓：以幼儿为主体，根据幼儿的个体需要和兴趣，为孩子提供丰富的活动材料，让孩子自主地去探索、去发现，从而获取相关经验。如在科学区让孩子观察蚯蚓、仓鼠、蚂蚁等小动物的生活习性，然后用自己的方式记录下来并讲述。

这些观察活动满足了孩子们的好奇心和求知欲，孩子参与的积极性很高。

在这些"创意无限"的活动区里，老师们精心提供了非常丰富的活动材料，有成品、半成品，落叶、枯枝、果壳、贝壳、餐巾纸、塑料泡沫等无不成为他们进行艺术想象与创造的素材。孩子们的作品虽然不是很精细的，但在这里他们从中获得更多的是创造的乐趣。而我们虽然也有区域活动，但大多是没有计划、没有指导性的，而且没有与课程相联系，这些都是值得我们好好反思的地方，所以我们用照相机拍摄下来，以便回去后结合我们的实际情况学以致用。

在太平巷幼儿园参观学习，不仅开阔了我的视野，更让我受到启发：让我懂得了我们应该怎样以幼儿为主体，根据孩子的个体需要和兴趣，为其提供丰富的活动材料，让孩子们自主地去探索、去发现，从而获取经验。回去后我将认真反思总结我的所见、所闻、所学，慢慢体会，认真感悟，不断琢磨，不断改进，不断运用于我的实际工作中。

区域活动的一点思考

——国培参观幼儿园有感

区域活动是一个让我感到非常困惑的问题，而我有幸在南京学习期间参观了南京市实验幼儿园、南京市鼓楼幼儿园、南京太平巷幼儿园和南京市北京东路附小幼儿园。这四所幼儿园的区域活动都是丰富多彩的，尤其是太平巷幼儿园的区域活动更是精彩纷呈，通过在这些幼儿园的参观学习，我对区域活动有一个更深的了解。在太平巷幼儿园参观时，因为想深入地了解一下他们的区域活动是怎么开展的，孩子们是怎么活动的，所以我没有到每个班级里都走马观花地看一看，而是选择了一个班级从头到尾地来观察。

观察记录：

带着问题和思考我走进中三班的教室，一进教室就看到孩子们正在各个区域里进行着有序的活动。

他们的区域是丰富的，有科学区、美工区、表演区、语言区、种植区、动手区、建构区等，而且每个区域的活动材料也是丰富多样的。

一、在美工区有三个孩子在做兔子灯，两个孩子在剪窗花

在美工区的入口有孩子们和老师一起设计的做兔子灯和剪窗花的制作步骤图。一个小姑娘看到我走过来说："客人老师好，你看我剪的窗花漂亮吗？你知道我是怎么做的吗？"还不等我回答，她就指着图告诉我说："这是做窗花的，你看先折一个三角形，再折一个三角形，然后画上花纹，就可以开始剪了，沿着花纹要一步一步地剪，最后一个漂亮的窗花就剪好了。"看着孩子剪出的漂亮的窗花、听着孩子清晰的讲述，我深深地佩服老师们的用心，一个看似简单的窗花制作流程图，不但让孩子们懂得了剪窗花的方法、过程，而且发展了孩子的观察能力、思维能力。

接下来我在每一个区域最显著的地方都看到了该区域的活动方法图解、记录的表格以及应该遵守的规则（这些规则基本都是孩子们自己制定的）。

二、种植区里两个女孩在观察仓鼠

"你看布丁可能要喝水了，它前面的爪子抬起来了。"

"你看它挠痒痒了，哈哈哈……"

"你看它的爪子抓到上面的空隙了，哈哈哈……"

"银狐怎么老是不出来？"

"喂点食物它可能就出来了。"

……

然后她把自己看到的画了下来，请老师帮忙记录（这时候有一个女孩到其他区域去了）。

师："你看到了什么？"

幼："布丁能够站起来，有的时候前腿能趴到玻璃上，有的时候它的爪子能抓到有缝隙的地方。"

师："你还有什么发现呢？"

幼："有时候它的爪子会挠在后背上面。"

师："哪只爪子？是前面的还是后面的？"

幼："是后面的，它在挠痒痒。"

师："你还有什么发现呢？"

幼："它用爪子抱着吃东西。"

师："还有什么发现吗？"

幼："我发现布丁出来的时候，银狐躲到里面去了，但是放了食物以后，银狐就钻出来，布丁喜欢在外面，银狐喜欢躲在里面。"

师："你还有什么发现呢？"

幼："没有了。"

师："那请你签上自己的名字吧。"

三、一个男孩在观察蚯蚓

他边观察边记录（还不时有参观的老师过来和他交谈）。

他在记录本上画了三条不同的蚯蚓，观察完了以后他把蚯蚓送回泥土里（一个塑料箱子里装着泥土），请老师来帮他整理自己的记录。

师："你今天观察蚯蚓有什么发现呢?"

幼："我发现蚯蚓有小的、有大的。"

师："那小的蚯蚓是什么样的?"

幼："小的是细细长长的，就是这条（男孩手指着他画的一条细细长长的蚯蚓）。"

师："那大的蚯蚓是什么样的?"

幼："是粗粗的、大大的。"

师："你还有什么发现吗?"

幼："蚯蚓向前走的时候前一半先缩，后一半再缩。"

师："我从哪里可以看出来前一半先缩，后一半再缩呢?"

幼："前面的线紧紧的密密的就是先缩，后面的宽一些就是等会儿再缩。"

师："你还有什么发现呢?"

幼："我觉得蚯蚓走的时候它身上的条纹会变来变去的，中间有的时候会变成直线，有的时候会变成波浪形。"

师："你还有什么发现吗?"

幼："没有。"

师："那你有没有什么问题呀?"

幼："没有。"

师："那你有没有看到蚯蚓嘴巴里吐出来的东西呢?"

幼："看到了。"

师："那你知道蚯蚓嘴巴里吐出来的是什么吗?"

幼："不知道。"

师："那你要把你的问题画下来吗? 把你今天的问题记下来，然后我们再去观察。现在请你把你发现的蚯蚓嘴巴里吐出来的东西画下来，好吗?"

四、科学区里有三个孩子在玩：谁能通过管子?

这根管子是由一个弯头把两根直管连接起来的，孩子们尝试了曲别针、雨花石、积木等是否能通过这根管子。男孩在尝试让一个圆柱形的积木通过管子，但没有成功，之后就把它记在了不能通过的一栏里，继续尝试其他物品了。两个女孩进行了几次尝试后，发现使劲晃动就可以让圆柱形的积木通过管子，老师观察到这一现象后，记录下来就离开了。

语言区里有的孩子在剪纸编故事，孩子们选择自己喜欢的图案剪下来粘贴好，再编出一个个生动美妙的小故事；有的在看书，表演区里孩子们在表演《西游记》之"火焰山"……

轻柔的音乐响了，孩子们整理好手中的物品坐到小椅子上，在老师的组织下和大家一起交流、分享自己的发现。老师特别请玩了"谁能通过管子?"的三个孩子和大家一起交流分享，她先让男孩分享了自己的发现，然后请女孩试验圆柱形的积木是否能通过管子，让大家一起来观察，最后孩子们得出：通过使劲晃动是可以让圆柱形的积木通过管子的。

认识与思考：

近一个小时的区域活动结束了，虽然我只是在一个班里观察，但是我还是没有时间仔细观察到每一个孩子的活动，可是通过在太平巷幼儿园的观察学习和聆听汪丽园长的报告让我对区域活动有了新的认识，有了一些思考：幼儿园区域活动是以幼儿的关键经验、需要和兴趣为主要依据，创设具有开放性、丰富性、挑战性的学习环境，让幼儿自由选择，与环境互动，获得个性化、全面性的发展的活动。

区域活动不仅仅是作为幼儿园集体教学的补充和延续，还是课程实施的一种重要且有效的途径。太平巷幼儿园的区域活动是和课程紧密联系的，他们有意识地把区域活动纳入课程当中。是师幼共同设计的，教师对幼儿的指导虽是比较间接的，但却是有针对性的、有目的性的。虽然他们的区域活动也有时间规定，但是会根据幼儿的情况适当地放宽，它与教学活动是呈动态整合关系的。而我们的区域活动跟课程是没有多大关系的，虽然我们的区域里也有很多材料，我们也让孩子到区域里去活动，但是我们只是有区域活动的形式，在区域中孩子所进行的活动是随意的，我们老师是无计划无指导的。可是在幼儿园中所有的活动都应当是具有教育性的，所以我觉得这样的区域还不能称为真正的区域活动。

在集体教学活动中，我们可能只能顾及大多数孩子的兴趣和需要，但是在区域活动当中，就可以顾及个体孩子的需要和兴趣。参观之后我感到区域活动的一个本质的特点就是孩子是自主的，孩子是自由选择的，在这个活动当中他可以根据他的经验、兴趣和需要去选择，去操作，去做一些他喜欢的、他认为有意义的事情。在这样一个"有准备的环境"中，孩子们的操作是投入的、专注的。在开放的区域活动中孩子们是开心的，他们的身心是愉悦而积极的，这正是幼儿园课程核心价值取向的最好体现。"幼儿园课程是一个需要用行动诠释和感受的意义体系；是一个能让幼儿投入、感动和坚持的意义体系。"从他们满足、自信、淡定而愉悦的表情中，我看到了课程实施的成果，看到了区域活动的精髓，就是照顾到孩子的个体差异、个体的需要和兴趣。

通过参观学习，我知道我们和名园的差距有多么的大，我们要学习的地方还有太多太多。

汲取精华，思悟成长

——教育部"国培计划（2010）——幼儿园骨干教师培训"总结

在 2010 年的瑟瑟寒风中我们迎来了学前教育的春天。而我有幸参加了 12 月 19 日—12 月 29 日在南京师范大学举办的"国培计划（2010）——幼儿园骨干教师培训项目"，成为第一批沐浴幼教春风的一分子，成为幼教春天最早受益者中的一员，心情万分激动，更为能够来到中国学前教育研究最前沿的南京师范大学学习而倍感荣幸，能够面对面地聆听各位专家、学者们的讲座，领略全国幼教名师的风采，是我梦寐以求的事情，有这样难得的学习机会我倍感珍惜。

这次培训是紧张、充实、忙碌、有序交织在一起的，南师大的领导、老师们精心安排了丰富多彩的培训内容，多种多样的培训方式，既有专家的讲座，又有知名园长和特级教师的经验传授，还有名园参观和名师的教学活动观摩。十天的培训带给我的是灵魂的触动，我感觉每天都是充实的，各位专家精彩的讲座、幽默风趣的语言、平易近人的教学风范以及名师精彩的教学活动展示，使我收获颇丰。通过培训我更新了自己的教育理念，这为我今后教育教学指明了发展方向，注入了成长的活力，使我在教师专业化成长的道路上，又有了更新、更高的目标。

一、专家引领，理念更新

这次给我们培训的南师大的专家们不仅有丰厚的理论知识，更有丰富的实践经验，专家们以案例为载体，理论与实践相结合，通过鲜活的案例将枯燥的理论转化为浅显易懂的经验，让我们参加培训的每一位老师都深刻地理解了新的幼教理论、幼教观念。

虞永平教授《让幼儿园课程回归经验》的讲座解读了幼儿园的课程必须

有意义，课程的意义存在于幼儿的表现中而不是知识体系中。幼儿园课程的核心是经验，经验是主体与客体相互作用的过程中获得的体验、感受、能力。作为老师我们要转变课程就是学习知识的观念，让孩子成为活动的主体，让幼儿主动地去获取经验。

黄进教授给我们做了《儿童主题性及其促进》的讲座，她通过大量的图片展示，形象地让我们知道了儿童主体性发展的过程，提出了儿童拥有独立存在的价值，拥有平等的权利，我们要蹲下来和孩子说话，要站在孩子的视角想问题。

成尚荣督学讲了《幼儿教师的教育智慧与智慧教育》，成督学风趣的谈吐、幽默的语言、渊博的知识让我们懂得要做一名智慧的教师，不仅要有爱心，更要有一颗平常心，有一颗童心，智慧的教师要有追求，要在反思中成长，要使教育走向生命，智慧应该成为教育的最高境界。

顾荣芳教授讲了《做一名研究者——幼儿园教学之反思》，顾教授理论联系实际，向我们讲解了什么是研究者，研究者的价值，幼儿园教学的价值，幼儿园教学从儿童出发的三个方面的问题：应然与实然之差异表现、应然与实然之成因、应然与实然之对策，让我们深刻了解了作为一名幼儿教师我们的教学要尊重幼儿的身心发展特点，要从幼儿出发，教学的目的是使幼儿健康、快乐地成长。

北师大专家冯晓霞、华师大专家李季湄、上海市教委黄琼主任、许卓娅教授等专家的报告又让我感受到一种全新的高度，也让我体验到其中内容的真实性、具体性和形象性。

二、参观名园，汲取经验

十天的国培我们不仅聆听了十几位专家精彩的讲座，还参观了四所最能代表南京学前教育发展的幼儿园：南京市实验幼儿园、鼓楼幼儿园、太平巷幼儿园、北京东路小学附属幼儿园。在这些名园里我们聆听了园长的介绍，观摩了7位名师的教学活动，观看了他们的区域活动，这让我们受益匪浅、收获颇多。

四所幼儿园各有特色，但是又有一个共同的特点就是幼儿的区域活动丰富多彩，他们的区域活动是教师根据幼儿兴趣需要，创设具有开放性、丰富性、挑战性的学习环境，让幼儿在与材料、环境、同伴、教师互动中自主选择、自主探究，从而获得个性化、全面性的发展。他们把握了区域活动的精髓：以幼儿为主体，根据幼儿的个体需要和兴趣，为孩子提供丰富的活动材料，让孩子自主地去探索、去发现，从而获取相关经验。如在科学区让孩子观察蚯蚓、仓鼠、蚂蚁等小动物的生活习性，然后用自己的方式记录下来并讲述。这些观察活动满足了孩子的好奇心和求知欲，孩子参与的积极性很高。

在这些名园参观学习，不仅开阔了我的视野，也让我认识到自身的不足和缺陷，更得到新的启发，增长了见识，为自己今后的发展及教学积累了丰富的资源。

三、自我反思，提升成长

十天的培训学习是短暂的，但是给我的记忆和思考却是永恒的。这次培训，专家们的讲座以鲜活的事例、丰富的知识内涵、精湛的理论阐述，使我们懂得了幼儿园课程的核心，幼儿园的教育要从孩子的兴趣需要出发，要尊重孩子，要培养幼儿良好的学习品质。还让我们学到了新的教育教学理念，并理清了思路，对自己专业发展有了更清晰的认识。

通过此次国培学习，我感觉自己离一个研究型教师、专家型教师的差距真是太大了，我深刻认识到了作为教师终身学习的重要性。要成为一名有智慧的教师，就要更努力地提高自身的业务素质、理论水平、教育科研能力等。而这就需要我付出更多的时间和精力，努力学习各种教育理论，并勇于到活动中去实践，及时对自己的教育教学进行反思、调控。这次培训活动不仅使我开阔了视野、增长了见识，更让我经历了一场深刻的教育思想观念的洗礼。

培训只是一个手段，一个开端。十天的学习思考背后，我感到更多的是责任，是压力，真正感到教育是充满智慧的事业，深刻意识到自己所肩负的责任。我相信通过自己的不断努力国培期间所有收获会被自己慢慢消化吸收，并运用于我的实际工作中。

心中有范，眼中有人

——做新时代幼儿园教师

国培的第一天，下午长沙市人民政府机关第三幼儿园陈浩军园长为我们做了《心中有范，眼中有人——做新时代幼儿园教师》的专题报告。陈园长从《新时代幼儿园教师职业行为十项准则》（后称《准则》）、《幼儿园教师违反职业道德行为处理办法》（后称《办法》）两个重要文件的意义、内容和贯彻落实三个方面阐释了如何做一个新时代的幼儿园教师。

陈园长通过与老师们的互动交流，让我深刻地认识到，作为一名幼儿教师"范"在哪里，"人"是谁。《准则》和《办法》的意义不仅回应了幼儿园师德师风建设的需要，也是落实《关于全面深化新时代教师队伍建设改革的意见》有关强化幼儿园师德师风建设的举措，助力幼儿园教师师德师风建设落到实处。

陈园长借助大量真实的案例，阐述了"必为"和"不得为"的界限。在"必为"方面包括：一、政治和法律层面，要求幼儿园教师在职业行为中能够坚定政治方向、自觉爱国守法、传播优秀文化，确保幼儿园教师行为符合习近平新时代中国特色社会主义思想、党的教育方针、社会主义核心价值观、国家法律法规等要求；二、保教专业层面，要求幼儿园教师爱岗敬业潜心培育幼儿、安全防范保护幼儿、关心爱护幼儿，遵循幼教规律科学保教幼儿，确保幼儿园教师职业行为合乎学前教育的理念；三、行为品性层面，要求幼儿园教师公平诚信、廉洁自律、规范保教，确保幼儿园教师的职业行为身正为范。

陈园长的报告通过一个个感人至深的视频阐述了如何贯彻落实《准则》和《办法》，2018年感动中国张玉滚老师在平凡的岗位上做出了不平凡的事业，《泰迪的故事》让我明白了做教师的真谛，漫画家朱德庸开心的时候、泰国公益广告……一个个平凡而伟大的故事直击我的内心，让我深受触动。

　　作为一名一线教师，很多以前没有细想过的问题引发了我深入的思考。平时的工作中，我注重的是师德行为和保教专业方面的学习研究，在政治和法律层面上考虑得较少，虽然从来不发违背国家政策的言论，也没有转发过这一类的文章，但是这方面的意识还是比较薄弱，同时对教师的失范行为也有了更清晰的认识。

　　陈园长结合自己的成长经历向我们介绍了终身学习的价值与意义，并和我们分享了她写给老师们的优美的诗歌，让我感受到了她的知性、优雅、专业及严谨，也明白了底牌决定底气。读书贵在坚持，这也是我需要学习和改进的，尽管平时我也经常读书，但是却不能每天坚持，这一点令我汗颜。

　　陈园长的讲座让我醍醐灌顶，让我对如何做一个"心中有范，眼中有人"的幼儿教师有了更加深入的理解，心中不由产生一种愈加强烈的责任感和使命感。在今后的工作中我一定结合陈园长的报告，更加严格要求自己，做一个"心中有范，眼中有人"的新时代幼儿教师。

如何挖掘绘本的教育价值？

上午，郭教授的讲座让我更加清晰地认识到，幼儿园文学教育不仅是要发展幼儿的语言表达能力，同时更要关注儿童文学素养的培养，教师在朗诵文学作品时不仅要把握作品的节奏、韵律，更要体现出作品的情感，给孩子的心以温暖。

下午，我们聆听了余珍有教授的讲座《主动学习视角下的幼儿语言教育》。余教授首先抛出问题：为什么近些年来学前教育界兴起了关键经验热？通过与老师们的交流，引发了大家的思考。接着又与大家讨论了什么是主动学习，主动学习的方式，让我进一步认识到幼儿语言的学习是基于幼儿已有经验和情感体验的，是主观想象的。

余教授还结合大量的案例视频阐述了幼儿期应重点发展哪些方面的语言知识和能力，并详细介绍了谈话经验、讲述经验、语言游戏经验、早期读写经验的特点与指导重点。

晚上，沈教授的报告《幼儿绘本、故事系统建构与教育价值的挖掘》从能够构建一个基于幼儿不同年龄认知水平和发展规律的绘本等三个方面向我们介绍了如何挖掘绘本、故事的教育价值，让我对绘本、故事教学中的提问有了更为深刻的认识，从而反思自己对绘本、故事教学中存在的问题，明晰了在今后的绘本教学中不仅要培养幼儿语言知识技能的发展，更要通过优秀的文学作品，培养幼儿良好的习惯及优良的品性。

幼儿教师的职业语言素养

叶平枝教授以故事《布鲁斯和大卫》展开此次讲座，故事中"妈妈们"的不同表现让我们认识到幼儿的自我评价和自我意识来自教师和家长的评价，并且这些评价能够塑造着孩子们的自我和个性，甚至决定着他们的未来。随着讲座的深入，叶教授从"我们正在进行着怎样的评价""为什么会这么评价"以及"日常评价该如何进行"三个层次进行了讲解。为了更深入地理解如何才能更好地对幼儿进行激励和评价，叶教授和我们一起分析了幼儿园评价的现状，并就日常评价该如何进行，提出了"五步策略"：第一步，帮助孩子面对自己的感受；第二步，学会赞赏孩子；第三步，让孩子从角色中释放；第四步，代替惩罚的方法；第五步，鼓励孩子与我们合作。

叶教授论述精辟，风趣幽默中蕴含着先进的教育理念，声情并茂中渗透着对学前教育事业的满腔热情，鲜活的事例、深入浅出的讲解让老师们在意犹未尽中实现了与专家零距离亲密接触，叶教授指导性的讲解引起了老师们的共鸣，赢得了阵阵掌声。

下午，马伶教授的讲座《新思维　心表达——幼儿教师职业语言素养提升的道与术》，第一次让我认识到幼儿教师职业语言的特征和重要性。通过聆听马教授的演讲和众多案例的分享，以及马教授带领老师们现场训练等环节的分享，我清晰地了解了幼儿教师职业语言素养的道与术在哪里，提升道与术的法则是什么。我深刻认识到语言的力量可以直击人心，作为幼儿教师一定要提升自己的职业语言素养。

提升幼儿语言能力，为其终身发展奠基

——2019 年国培计划幼儿园骨干教师培训总结

"看万山红遍，层林尽染……"在这枫叶渐红、金桂飘香的 10 月，我来到了毛泽东主席的故乡湖南长沙师范学院，参加了国培计划 2019 教育部示范性学前教育骨干教师培训项目。

刚到长沙就感受到了长沙师范学院的美丽和老师们的热情。老师们热情地接站、细心地接待，让我们这些来自山东、黑龙江、广西的 100 位老师学员们感动满满。

本次培训，虽然只有 10 天的时间，而且只是针对语言领域的培训，但是培训内容充实、形式新颖，既有理论的高度，也有实践的深度；既有周兢、余珍有、叶平枝这样的高校专家充满智慧的专业引领，也有胡捷等一线教师的教学实践分享；既有优秀园长的经验介绍，又有知名幼儿园的实地参观；学员老师们既有小组研讨的思维碰撞，又有现场分享的经验交流。通过培训，学员们开阔了眼界，增长了见识，收获了成长。

本次培训是语言领域的专题培训，这让我对语言领域的教学有了更为深刻的认识。国培的第二天，我们聆听了华东师大教育学部周兢教授的讲座《基于图画书阅读的两种类型讲述活动组织：叙事性讲述与说明性讲述》。周教授从为什么是基于图画书的讲述活动组织、两类图画书的阅读理解与讲述要求、从图画书阅读走向讲述学习活动三个方面阐述了如何通过集体教学活动、区域角落活动、主题课程整合活动发展幼儿的观察、倾听、表达、前书写与讲述能力。

周教授借助叙事性绘本《国王生病了》和说明性绘本《白鹤日记》分别阐述了叙事性图画书阅读学习的价值及科学知识图画书的特点，即有一个主题内容，有写实的图画风格，有清晰的条理结构，有说明性的表达方式。科学知识图画书的结构：呈现主题、描述特性、典型现象表现、总结。并且指出了儿童语言学习要关注他们发展的核心经验。叙事类图画书阅读理解：要求儿童细致观察读懂图画书的内容，即会看画面，能从中发现人物表情、动作、背景，将之串联起来理解故事情节，并能敏锐地观察图画中的细节。

指出了两类图画书的阅读理解与讲述要求。叙事性讲述，是一种口语叙事能力，指用口头语言把人物的经历、行为或事情发生、发展、变化讲述出来，要说清楚人物、事件、时间、地点和为什么，并且要说明白事情发生、发展的先后顺序。与日常生活谈话中即兴的片段式口语叙事不同，叙事性讲述要求在独自构思后对事件或故事进行有组织的、完整的表达，是一种在相对正式的语境中进行独白的语言能力。

周教授的讲座提升了我对语言教学活动组织的理解，在以往的活动中，我主要重视语言集体教学活动的组织，较少进行语言区域活动的组织，忽视了课程整体融合组织，周教授的报告让我有了新的认识，为我今后更好地通过语言活动提升幼儿语言表达能力指明了方向。

郭咏梅教授的讲座《幼儿园文学教育与早期阅读》让我更加清晰地认识到，幼儿园文学教育不仅是要发展幼儿的语言表达能力，同时更要关注儿童文学素养的培养，教师在朗诵文学作品时不仅要把握作品的节奏、韵律，更要体现出作品的情感，给孩子的心以温暖。

余珍有教授的讲座《主动学习视角下的幼儿语言教育》给我的启示非常大。余教授首先抛出问题：为什么近些年来学前教育界兴起了关键经验热？通过与老师们的交流，引发大家的思考；接着又与大家讨论了什么是主动学习，主动学习的方式。余教授结合大量的案例视频阐述了幼儿期应重点发展哪些方面的语言知识和能力，并详细介绍了谈话经验、讲述经验、语言游戏经验、早期读写经验的特点与指导重点。通过聆听余教授的报告让我进一步认识到，幼儿语言的学习是基于幼儿已有经验和情感体验的，是主观想象的。

十天的培训是短暂的，也是充实的，是紧张忙碌的，也是快乐收获的。通过学习，我有了理论的提升，也有技能的学习，我将带着满满的收获回到我的幼儿园，把我的所学、所思、所想运用到工作中，结合《3—6岁儿童学习与发展指南》，根据孩子的兴趣需要、发展特点，创设适宜的语言环境，给他们提供想说、敢说、喜欢说的机会，从各方面提升幼儿语言能力，为其终身发展奠基。

学习教育大会精神，丰富自身教育素养

齐鲁师范学院马克思学院院长刘振光教授用 4 个小时的时间为我们做了《深刻把握新时代全国教育大会精神，着力培养合格的建设者和接班人》的报告。刘教授旁征博引，既有丰厚的理论知识，又有来自实践的真实案例，让我们清晰地认识到深刻把握新时代全国教育大会精神，作为一名教师，首先要清楚我们要培养的是德智体美劳五育并举全面发展的新时代中国特色合格建设者和接班人，这就需要我们知道什么是新时代并深刻理解把握"新时代"的内涵。

十九大报告提出了中国发展新的历史方位——中国特色社会主义进入了新时代，在新的历史条件下，我们要不忘初心、牢记使命。

新时代全国教育大会精神在我国教育发展史上具有里程碑意义。习近平总书记关于教育的重要论述让我们进一步理解了要坚持立德树人的根本任务，一定要坚定理想信念，厚植爱国主义情怀，加强品德修养，增长知识见识，培养奋斗精神和增强综合素质。

通过聆听刘教授的讲座，我更加深刻地认识到，作为一名幼儿园教师我不仅要讲好课，还要具备扎实的理论功底、广阔的知识面、高超的授课技巧，以及培养孩子的观察力、洞察力及解决问题的能力，更要了解和学习更多的中华民族的优秀传统文化，要让孩子从小接受优秀文化的熏陶，为孩子们成长为合格的建设者和接班人打下良好的基础。

创设丰富的教育环境，促进幼儿快乐成长

我们聆听了育中方略教育集团总校长陈立的报告《重构学校生态》。陈校长从充满童趣的游戏开始，借用《兔子钓鱼》的小故事，引发我们思考讲和教、听和学的关系，带我们一起了解了教育的两大认知误区：学生不会学习，教师会育人及重构学校生态的路径。

作为一名教师我们首先要学会与人打交道，必须具备和人打交道的能力，而且要认识到孩子是具有学习能力的学习者，才能激发他们学习的能力，给学生更多的资源。

陈老师讲到从哲学角度学校要回答的三个问题：我是谁？我从哪里来？我将要到哪里去？教育的评价中包括：教育的目的——培养什么样的人？教育的方法——如何培养这样的人？

这些问题引发了我深刻的反思，教育是要让人越来越丰厚，让人做自己喜欢的事情，让人寻找到真正的自我，成为能够遵从自己内心选择的人。而我们的幼儿教育更要让孩子在教育中获得快乐。因为幼儿的学习不是端坐静听，是以直接经验为基础，在游戏和日常生活中进行的。我们要珍视游戏和生活的独特价值，创设丰富的教育环境，合理安排一日生活，让幼儿做事，做有意义的事，做他喜欢的事，做有挑战的事，最大限度地支持和满足幼儿通过直接感知、实际操作和亲身体验获取经验的需要。要充分尊重和保护幼儿的好奇心和学习兴趣，帮助幼儿逐步养成积极主动、认真专注、不怕困难、敢于探究和尝试、乐于想象和创造等良好的学习品质，让幼儿快乐健康地成长，并为幼儿终身可持续发展奠定基础。

科学了解孩子，实施个性化教育

　　"善心者，必师心；悟道者，能任运；境高者，方从容"，宋广文教授以哲学家的思想开篇，为我们奉上了一场关于心理学的大餐：《走向科学化的个性化教育——学生心理的科学认知与教育的智慧》。

　　宋教授首先介绍了现在发达的教学方式和方法，互联网、慕课等已经被很多地方和学校所采用，这也是未来发展的方向。

　　宋教授借助大量生动有趣的案例介绍了：生理结构的不同决定你能做什么，能够做到怎样的高度，脑的结构影响心理发展的方向，脑的结构影响心理发展的水平。个性化教育的前提是了解学生的心理。我们都知道教育的本质是让人学会做人，那么作为一名教师我们要让每一位孩子学会做人，首先了解幼儿的生理结构和心理结构，观察不同幼儿的行为表现，了解不同幼儿的个体差异，引导幼儿在自己的已有水平上获得发展。

　　了解孩子，做有智慧的教师，要做的就是认真备课。备课不仅是备教材，更是备方法、备孩子、研究孩子，对每一个孩子负责。这就需要我们蹲下来观察孩子，静下心来研究孩子，了解孩子行为背后的原因，思考孩子行为背后的根源，为孩子创设动手动脑的机会、条件和环境，帮助孩子在体验中获得属于自己的直接经验。

　　做有智慧的教师还要成为心灵的智者，要发展要创造，要静下心来做学问，并要批判地吸收不同大家、学者、师长、同事的精华，使自己成长为真正充满教育智慧的教师，为幼儿教育事业奉献自己的力量与思想。

做一名新时代的教师

于维涛教授利用 3 个多小时的时间，深入浅出地为我们介绍了新时代教师的时代背景及新时代教师的 6 个定位。

有怎样的老师就有怎样的课堂，有怎样的课堂就有怎样的学生。新时代教师发展目标和要求是，高素质、专业化、创新型教师。

新时代教师的职业责任与职业定位指出教师是塑造灵魂、塑造生命、塑造人的工作，教师是教育的第一资源，教师是国家富强、民族振兴、人民幸福的基石。

作为一名新时代教师要有坚定的理想信念，要激发孩子的好奇心，为每一个孩子编织自信的梦想，唤醒每一个孩子的生命激情；要赏识每一个孩子的优点，给予孩子信心和力量；更要具备高尚的道德情操，做到对孩子要严而有爱、严而有度、严而有方，要拥有与天空般宽阔和大海一样浩瀚的胸怀，包容孩子的过失，真实平等地对待每一个孩子。做孩子学习知识的引路人、创新思维的引路人、锤炼品格的引路人、服务祖国的引路人。

作为一名新时代的教师还要勇于创新，课堂创新、设计创新、内容创新、方法创新，不固守定式思维，打破传统，思维创新，扩展视野。

成为新时代教师的路径是做到教书与育人相统一，言传与身教相统一，潜心问道与服务社会相统一，学术自由与学术规范相统一。我感触最深的就是言传与身教相统一，因为我们面对的是 3—6 岁的幼儿，他们的心灵无比纯净，我们的一言一行、一举一动都深深地影响着他们，我们以爱心、耐心、责任心来对待每一位幼儿，做到安心从教、静心从教、热心从教、舒心从教、耐心从教，静待花开。

提高参与度，更新教研模式

天津教科院陈雨亭教授做了《让课堂充满生命的活力——课程资源的开发与课堂教学改革》的报告。

陈教授打破传统的专家报告的方式，一开始就带领全体学员一起进行了一场参与式教研，给老师们提出了问题，限制了时间，大家都进入了紧张的学习中。这样的活动让我们感受到什么是高参与度的学习活动，开始思考为什么这儿的活动大家参与度会高，并和我们一起现场分析了活动参与度高的原因：提供学习工具、给出活动时间、提出活动要求。

接着陈教授又结合具体的案例说明了充满生命活力的课堂是什么样的，以及如何提高课堂参与度。让每一个学生在每一个教学环节都能够做到积极思考，认真倾听与分享，主动加工，自主建构、自我负责、自我监控学习过程是参与度高的重要标志。这就需要教师利用有效的组织策略提高参与度，进行理性检查，让学生集中精力学习；并且尽可能多地给学生有效的反馈，还要让小组的合作真正有效，根据所需知识的特点设计能够使每一个学生积极思考教学方式，使每一个学生都能够高度地参与到学习活动中。

以往我们的教研活动中部分教师参与度不高，往往一个活动下来没说几句话，有的年轻教师甚至一句话也不说。通过学习陈教授的报告，我发现如果我们能够充分利用康奈尔笔记、手掌控制器等学习工具开展教研活动，就能够提高每一位教师参与教研的高度、广度与深度，不仅能够提升教师的专业化水平发展，而且教师的合作能力、思维创新能力等也会得到极大的提高。

智慧共享，携手前行

我们幼教组九人在郭科长的带领下走进了具有百年历史的省级"十佳"园——山东大学第二幼儿园。

首先，赵伟园长为我们介绍了幼儿园的发展及特色。通过赵园长的介绍我们了解到该园以"和谐教育"为办园特色，提出"在生活中快乐探索，在探索中快乐生活"的教育理念，注重幼儿兴趣和能力的培养，关注幼儿个性化发展，提倡探究性活动，追求人与人的和谐，人与知识的和谐，强调在和谐中发展。

山东大学第二幼儿园为孩子们创设了丰富而适宜的环境，营造出"乐于学习、乐于游戏、乐于思索"的氛围，引发幼儿游戏的兴趣，让幼儿在宽松舒适的环境中，自由、自主地游戏，满足幼儿挑战游戏的需要。

园内老师基于儿童立场，逐渐将游戏玩深、玩精、玩出特色，让幼儿在游戏中充分成长，在游戏中得到更多的自由创造和释放的自我满足。

小组交流活动，园长老师们都积极发表自己的看法和感受，介绍自己园所的经验，思维的碰撞让大家的思想得到了升华。冬季如何满足幼儿的活动量？户外游戏和户外体育游戏有何不同？跑酷如何开展？到底是让环境适应孩子还是培养孩子的安全意识和提高孩子的自我保护能力……针对每一个能够促进幼儿发展的问题，大家各抒己见、智慧共筹，每一位老师都在交流和碰撞中提高了认识，为我们在回去之后的实践工作提供了良好的做法和有益的经验。

开展课题研究，提升教师专业化水平

我们聆听了山东师范大学曾继耘教授的专题报告——《教育课题研究的价值与策略》。

曾教授首先分析了现在教育课题研究的现状及存在的误区，指出教师的劳动一定是具有探究性的，教师反思实践的类型包括日常反思性实践和课题引领的反思性实践，并介绍了两种实践的特点。

然后曾教授结合具体的案例介绍了如何设计，分别从如何选题到怎么表述、课题的研究现状和研究的基本思路与主要内容进行了详细说明，让我们知道了要选择自己身边的问题进行研究，要理性地关注教育热点问题；知道了怎样对课题的研究现状进行检索、分析、总结及表述的方法。曾教授特别细致地介绍了如何撰写课题研究的基本思路和主要内容，我们明确了行动研究的方法，发现问题—初步计划—第一次行动—观察监控—评价反思—发现新问题—修改后的计划—第二次行动—观察监控—评价反思，及课题成果的呈现方式。

曾教授的报告让我们深刻认识到课题研究是教师专业化成长的重要路径，让我们不再惧怕课题研究，不再感到课题研究是那么的神秘，也让我们在今后的工作中坚定了开展课题研究的信心和决心。

张斌教授《开展真实的学校课程变革》的报告，介绍了课程变革的特点及变革的路径，下半场又让全体学员进行了参与式分组教研活动，讨论了"教案应该谁来评？评什么？怎么评？评了之后怎么用"等问题。通过讨论及张斌教授的点评，我们更加清晰地认识到教案的改革也要成为促进教师专业化成长的途径。

专家引领促提升，团队协作共成长

2010年12月沐浴着幼教改革的第一缕春风，我有幸成为聊城市幼儿骨干教师培训班的一员，跟随幼教专家董旭花教授学习三年，董教授是我敬重和喜欢的专家，能成为她的学生是我梦寐以求的事。三年的培训中，我们在董教授的引领下，有学习，有研讨，有反思，有感悟，有成长，有发展。三年的培训学习中，董教授先进的教育教学理念、独特的人格魅力和严谨的治学态度深深地印在我的心中，她引领我感受着新课程理念的和风，沐浴着新课程改革的阳光，同时我还汲取了其他名师名园的优秀教育教学经验，也不断和一群优秀的同行朋友探讨、交流、切磋，在充实和忙碌中我感悟颇多，受益匪浅。

一、转变思想，更新理念

三年的培训与学习不是空头理论的烦琐分析，而是理论和实践对接的内化，帮我化解教学过程中的困惑、烦恼，使我对幼儿教育有了更深的认识，重新认识了什么是科学的幼儿发展观，意识到幼儿教育是为生命成长奠定基础，让生命成长得更为自然，不要加速，不要拔苗助长；进一步接受教育的基础不是知识的传授，更为重要的是呵护激发幼儿的好奇心、激发幼儿的学习兴趣和培养幼儿的创造力，养成良好的生活与社会交往习惯。幼儿的学习是以直接经验为基础，在游戏和日常生活中进行的，我们要创设丰富的教育环境，合理安排一日生活，最大限度地支持和满足幼儿通过直接感知、实际操作和亲身体验获取经验的需要，要充分理解和尊重幼儿发展进程中的个别差异，支持和引导他们从原有水平向更高水平发展；另外儿童的发展还是多个领域之间相互联系、相互促进的，它们构成了一个有机的发展整体，因此，我们要关注幼儿学习与发展的整体性，促进幼儿身心全面协调发展。

二、坚持阅读，开阔视野

三年的学习中，董教授为我们推荐了许多优秀的书籍，让我从一个不怎么喜欢阅读专业书的人，渐渐地爱上了阅读，从开始的硬着头皮逼迫自己阅读，到沉入其中与大师对话，我喜欢上了与书为伴，就像久旱的禾苗遇到了甘甜雨露一样汲取着书中精髓。《孩子是天，我是云》，这是上海市特级幼儿教师应彩云老师教育实践的总结，体现了课程的生活化，在生活中渗透教育内容，让教育回归生活，回归自然的真实教育。《爱的教育》《窗边的小豆豆》《爱与自由》等让我懂得作为一名幼儿教师首先要有一颗爱心，爱自己所从事的事业，爱孩子们。《蚯蚓漩涡和影子》《小区域大学问》《幼儿问题行为的识别与应对》《名师的教育影响力》等一个个精彩教育案例的剖析，让我领略了名家的教育思想、教育智慧、教育力量，并从中受到启发。

在我读书的同时，我还和我的同事们互相交流自己的感悟与收获，与大家分享的同时我也获得了同事们的智慧。在读书的过程中，在集体的交流讨论中，在自我的反思中，我懂得作为一名教师，有爱心、能用心、贵坚持，就能在不断地阅读、不停地实践、不停地反思中，获得专业上的不断发展。

三、学习名师，丰富自我

三年的学习中，我们聆听了胡丽华、罗梅等优秀园长的讲座，观摩了马宗磊、丁文、马宁宁等山东省优秀教师的教学活动。这几位名师的每一个活动都创设了一个自由、宽松的环境，支持、鼓励幼儿大胆想象，积极发言，使每个幼儿都乐意参加活动。她们的活动为幼儿提供了充足的时间和空间，让幼儿有了更多的尝试机会，体验到了不同学习方式的乐趣，每个过程都可以使幼儿获得经验、梳理经验、提升经验。带给我的震撼是她们关注每位幼儿，将知识、能力、方法、情感在每个活动中都充分地体现出来。

自然的教学、轻松的课堂，让孩子和老师在说说笑笑中度过了一段愉快而又有价值的时光。有教学智慧和教学风采的名师，是我提升教学能力、专业素养的楷模和航标。通过观摩活动，我深深感受到名师们对幼儿、对教育深情的热爱，感受到了她们身上所透露出来的无穷的知识力量，感受到她们对幼儿身心发展以及对教育教学了解之广、钻研之深。她们的活动激起了我的思考，让我学会读懂孩子，走进孩子的内心。

四、善于反思，不断提升

作为一名骨干教师，不但要善于学习，更要善于反思，反思并不是一般意义上的"回顾"，而是反省、思考、探索和解决教育教学过程中各个方面存在的问题，具有研究性质。我们通过反思，不断更新教学观念，改善教学行为，提升教学水平，同时形成自己对教学现象、教学问题的独立思考和创造性见解。反思是教师对教学中的行为以及由此产生的结果进行审视和分析的过程，本质是一种理解与实践之间的对话。新的幼儿园教师专业标准强调教师的自我反思，按教学的进程，教学反思分为教学前、教学中、教学后三个阶段。教学前的反思具有前瞻性，能使教学成为一种自觉的实践，并有效地提高教师的教学预测和分析能力。教学中的反思，即及时、自动地在行动过程中反思，这种反思具有监控性，能使教学高质高效地进行，并有助于提高教师的教学调控和应变能力。教学后的反思具有批判性，能使教学经验理论化，并有助于提高教师的教学总结能力和评价能力。教师反思的过程实际上是使我们在整个教育教学活动中充分地体现双重角色，既是引导者又是评论者，既是教育者又是受教育者。我们不仅要成为教学的主体，更要成为教学研究的主体，把自己作为研究的对象，研究自己的教学观念和实践，反思自己的教学实践，反思自己的教学观念、教学行为以及教学效果。通过反思、研究，不断改善教学行为，提升教学水平，同时形成自己对教学现象、教学问题的独立思考和创造性见解，提高教学工作的自主性和目的性，克服被动性、盲目性。教学与反思相结合，使我们能够体会到自己存在的价值与意义。

五、终身学习，自我成长

在社会快速发展的今天，教育不断改革，对教师提出了很高的要求，这就必然要求幼儿教师——我们这些专业幼儿教育工作者，要有不断增进专业化学习的意识和能力。所以作为一名幼儿教师，应该成为一个终身的学习者，不断学习，不断自我成长，才能促进孩子发展，才能为孩子一生发展奠定基础。无论是董旭花教授还是虞永平教授都不约而同地表达出同一种声音：儿童，是一本读不懂的书。无论是蒙台梭利还是皮亚杰，他们用一生在研究儿童，但却都不能保证他们彻底了解了儿童。我们需要终身去学习，去阅读儿童这本书，虽然一辈子读不懂，但我们要有信心、有毅力地一辈子读下去！

三年的时光如匆匆流水悄然而逝，董教授的专业引领、领导们的悉心关怀、同事们的热情帮助、我的点滴付出，让我在成长的路上收获颇丰，同时肩上那份沉甸甸的责任促使我不懈努力，坚持阅读儿童这本书，与孩子们一起慢慢成长。

学无止境，心无所止

从上次董老师给我们培训到现在的这段时间里，是忙碌而充实的，董老师的引领让我明确了前进的方向，丰富了贫乏的大脑，提升了教育理念。让我在理论上、业务上、工作实践中都获益匪浅。现在把我的学习情况做以下总结。

一、在学习中反思，在实践中改变

在上次的培训中董老师强调我们需要补课：需要补本体性知识（学科知识）、补条件性知识（教育学、心理学）、补实践性知识。董老师的这句话让我深受启发，我们不仅仅要学习新的理论知识，还要学习我们需要的而又欠缺的很多知识，需要我们在平时一点一滴的生活中时刻注意积累、丰富自己的各科知识。于是我在学习理论知识的同时，注重学习多方面的内容，比如学习了《给幼儿园教师的101条建议数学教育》，来弥补我在数学知识上的欠缺，学习之后我就针对自己的实际工作进行调整和改进。通过学习和实践活动我在各方面都有了提升和发展。

二、对区域活动的新认识

从5月份开始，我园尝试开展真正能让孩子们玩起来的区域活动，为了给孩子们创设一个开放性、丰富性的学习环境，让他们根据自己的兴趣和需要自由选择活动，获得个性化、全面性的发展。我根据自己班级孩子的经验特点开设了相应的区域，投放了相关的材料。虽然我积极地学习，并且和其他老师经过了多次的研讨，孩子们也玩得比较开心，但是我们的区域活动还存在很多不足之处，如区域活动中孩子们怎样做好记录？老师们如何指导？何时介入？以什么样的方式介入？等等，很多问题不知道该如何解决。为了能把区域活动开展得更好，当年9月份我和栾老师去青岛参加了《主题背景下幼儿园区域环境创设与指导研讨会》，我们聆听了黄丽萍园长的《区角活动设计与观察指导实务研修》、祝晓敏园长的《立足区域活动指导策略研究，促进幼儿主体性发展》、郭华老师的《班级区域环境布置详解》，这三个专业性讲座让我们受益匪浅。在参观了青岛经济技术开发区第一幼儿园的区域活动之后，很多困扰我们的问题也得到解决，我们找到了解决问题的方向和方法。回来之后我在自己班里尝试，并随时进行反思、调整，现在我班区域活动有常规区和主题区，我以孩子的关键经验、需要和兴趣为主要依据，创设"有准备的环境"，让他们身心愉悦地、积极地去选择、去操作，由此获得全面发展。虽然有了一些进步，但是我班区域活动才刚刚开始，还有很长的路要走，还需要我继续学习，不断努力，让区域活动不仅仅成为幼儿园集体教学的补充和延续，更要让它成为课程实施的一种重要且有效的途径。

三、走进绘本，和孩子一起爱上阅读

虽然在以前我也看过一些绘本书，观摩过一些绘本教学活动，但是自己从来没有开展过有关绘本的集体教学活动。在董老师的推荐下，我和我们小组的老师们开展了绘本教学活动。首先每人选一个绘本活动，自己设计教案、试讲，然后在小组中执教，再集体研讨，然后再设计上课，写出反思。由于绘本教学是个新领域，很多问题让我们感到困惑：

1. 怎样去抓绘本教学的点？怎样挖掘绘本的教育价值？

2. 教学中怎样进行有效的提问？

3. 在开展绘本教学活动前，我们需要做哪些准备？

从此我和孩子一起走进了绘本的世界，绘本世界是五彩缤纷的，是温馨可爱的，是诙谐有趣的，是贴近孩子生活的。绘本借助图画和文字的互动与融合，表现众多文字书所无法表现的形象。内容丰富生动充满想象力，形象简单突出，意境优美，语言文字简洁清晰，有的只有几个简单的字，甚至没有字。这样的书最容易被孩子接受与喜爱，是真正属于小孩子的书。

有时我会先和孩子们一起阅读，再让他们去翻看，有时我选择了优秀的、合适的书放到区域里先让孩子们自由翻阅，几天后根据孩子对故事内容了解的情况，再集体读书，引导幼儿观察细节，体会角色的情感变化，以及迁移经验到自己身上和身边的事情上来。有时我还会和家长交流，让他们把书带回家亲子共读，很多家长也喜欢上了绘本阅读，买了很多的好书，有的还带到了班里来，和其他小朋友共享。现在孩子们看书时已经学会了读图，留心观察书中人物的表情等小细节，学会了逐页翻阅，提高了阅读能力和表达能力，同时陶冶了孩子的情感，激活了孩子的想象，让创造力无限扩大。丰富多彩的绘本就像孩子们七彩的生活，深深地吸引着他们，因此孩子们爱上了绘本，爱上了阅读。

绘本是深受孩子们喜爱的，怎样把握绘本阅读的核心价值呢？除了绘本本身的价值以外，我应该怎样挖掘其教育价值呢，这也是目前困扰我的一个问题，是我需要继续探讨的问题。

四、在读书中丰富自我，在研讨中互相提升

这学期的读书活动中我们小组共读了五本书，并在 11 月 18 日进行了读书交流活动。这次的交流和上次最大的区别是，我们在交流时除了向大家介绍书中主要的观点，每个人都结合了自己在工作中的实际情况来分享自己的感悟和体会。交流之后，我结合自己的实际工作针对如何建立孩子们的常规问题，和怎样做好活动进行了讨论，通过这次的读书交流会我不仅锻炼了自己，同时也从同伴那里学到了很多新理念、新方法，这次活动让我得到了提升和发展。

五、汲取同伴力量，在反思中共同成长

我们的孙局长、张主任和郭园长不仅重视我们小组成员的成长，还希望全县、全园老师共同提高，为了给大家提供一个共同成长的平台，领导们经常给我锻炼的机会。5 月份的培训结束之后，张主任要求我们每个老师把在茌平讨论的三个数学活动再设计并上一遍，而且要求我们实验的四位老师在 6 月 17 日为全县四百多位老师上了观摩课，并进行了互动和点评。这样的活动不仅锻炼了我的胆量，而且提高了我的教育教学水平。

另外我们小组的每一次活动，都有我园的领导和老师们一起参与，绘本教研活动、读书交流活动等，我从他们那里学到了很多的新方法、新理念。因为我们的老师中既有经验丰富的老教师，也有理念先进的年轻教师，他们都毫无保留地提出好的建议和方法，让我能及时修正错误，针对自己的活动，结合老师们的建议和方法，进行反思改进，在反思中成长。

总之，通过董老师的引领和外出培训参观学习，我发现在幼儿教育这个领域里需要学习的东西太多了，虽然有了些许进步，但是我还要再接再厉，源源不断地汲取营养，润泽我们的幼儿教育事业。

以研究的态度关注教学

8月1—2日我们聊城市的幼教同行欢聚一堂，聆听了省幼教专家董旭花教授的讲座。经过这两天的学习，我有一种"听君一席话，胜读十年书"的感受，我受益匪浅，感受颇深。

第一天董教授讲了《幼儿园里的教与学以及教学活动》（后称《教学活动》）使我深刻理解了教与学的基本理念，董教授举的几个案例让我明白了幼儿学习的特点：幼儿是好奇的、热情的，对学习是敏感的，他们的学习过程是由情绪主导的；幼儿的思维是灵活的、有创造性的，学习过程也是创造性的过程；幼儿的学习不仅仅是获得知识，还有习惯和价值观念的形成。这就教给我们在幼儿园里我们要以学定教，要尊重幼儿的年龄特点和认知特点，不能太迷信我们老师自己的能力。

通过董教授对教材的分析，我认识到不管是哪个年龄段的教材，关键在于教师，在于教师的观念和教师在教学中对教材的理解和掌握。我们现在的教材是对许多知识进行的整合，从幼儿熟悉的或感兴趣的问题入手，进行自主探究、合作学习，同时体现了让幼儿在学习中生活，在生活中学习。所以说，教材只是一个载体，只是一个参考，是一根拐杖，要适应现代教育的发展，我们教师一定要转变教育观念，更新自己在教学中所扮演的角色。例如，在看了小班的案例《纸箱游戏》后感慨道：小班的教学就是生活，生活即课堂。老师在小班所扮演的，既是知识的传授者，又是生活的引导者。抓住生活中的任何教育契机，就把教育的内容完成了！让孩子们的生活、学习融为一体，其乐融融！

董教授在《教学活动》中通过多个案例对活动目标、活动准备、活动过程、活动延伸的每一环节进行了分析，让我认识到老师要有从"单纯的教学者向研究者转变"的技能。教师应该用研究的眼光审视、反思教育实践，有责任观察、判断、探索自己的教学，参与教育革新行动。学习让我在以后的教学中，改变了以往"过多关注幼儿的行为，注重表现性目标的达成，对于幼儿的情感、社会性发展不太关注或无力关注"的一些教学陋习。主动以"研究者"的姿态出现，在确定某一主题后，教师先与幼儿、家长共同收集大量的、形式多样的资料，对其进行学习、分析、整理和解释，并根据各年龄班幼儿的身心发展特点和教育目标，制定对幼儿的学习与发展有益的适宜的活动目标，并根据幼儿在教育活动中的兴趣和反应进行反思，不断调整计划，适当地删减、增添、渗透或弱化一些内容，不断优化教育手段和方法。

第二天上午观摩了四位优秀教师的教学活动，董教授和现场的老师们进行了互动点评，同样让我享受了一场心灵上的盛宴。几位老师崭新的教学理念、独特的教学设计、丰富的文化底蕴、风趣幽默的谈吐、开阔的教学视野、精湛的教学艺术，深深地打动着我，活动让我深有感触：课堂真是个有魅力的地方！老师们那精炼、清新的语言，恰如其分的引导，真诚、大方、调皮的激励话语等让我回味无穷。

其中茌平实验幼儿园的董玉芳老师沉稳、内敛、自然、大方，对孩子充满了亲切与关爱，她能抓住每个孩子的特点给出正确的评论。王娜老师幽默、风趣、活泼，和孩子打成一片，课堂上灵活多变，能及时捕捉孩子的特点，对孩子作出及时的回应，能让台上台下都充满欢笑。两位老师在课堂上轻松自如的表达，让孩子们时而思考，时而争论，看似平常的一节课，却蕴含着许多的教育价值。教与学、动与静、学知识与学做人、学知识与提高能力等都在课堂教学中被引出，在课堂教学中展开，又在课堂教学中运行。授课者的独具匠心给了我许多的启迪，让我享受着每个精彩瞬间。

2日下午，董教授又从《幼儿园活动计划与保教细则》和《家园共育的途径与方法》两个方面进行了分析，给我们的工作指明了方向，使我更加清楚怎样全面做好幼儿园的每一项工作：只有持之以恒，时时处处做个有心人，和家长积极配合，使家庭教育和幼儿园教育同步开展，进而使幼儿逐渐在各方面养成良好的行为习惯，使其终身受益。

两天的学习，收获颇多，相信在今后的工作中，它的影响、它的作用会更大！

新起点，再出发

　　2011 年 12 月 9 日，我们怀着期盼的心情来到了聊城东昌宾馆，再次接受董老师的引领与指导。这次是关于语言活动的培训，虽然我只参加了一天的活动，但是感触还是非常深刻的，现在谈一下自己的感受：

　　一、阅读是第一重要的

　　这次董老师为我们带来了很多优秀的绘本，让我们分组研讨、设计活动，并在下午实施了活动。在这一天紧张的活动中，董老师给我们的第一个问题："在这本图画书中你读到了什么？"这就要求我们先要读懂图画书，把画面读懂了，读透了，然后再来关注书的核心价值，教育的价值点在哪里，再根据教育目标来做价值点的取舍。只有我们先读懂了图画书才能引导孩子来阅读，才能引导孩子读图，孩子只有在观察的基础上才能去猜想、去想象，从而提高孩子的阅读能力，而这往往是被我们忽略掉的，通过董老师的指导我才进一步理解了读图的重要性。

　　二、设计的问题要有指向性

　　下午各小组上完课之后，我们一起分享了大班的《大石头》和小班的《好吃的糖果》两个活动，董老师在点评中指出："我们设计问题时不可以太随意。每一个问题，我为什么要提？这个问题要指向什么？要发展孩子的哪一种能力？是需要我们深思的。"董老师的点评让我感触颇深，因为我在小组中上课时，也出现了同样的问题，活动前没能很好地设计问题，有很多问题是很随意的，有的问题孩子根本回答不上来，有很多是没有价值没有意义的。经过董老师的指点，真是茅塞顿开，以后我一定会在这一点上多加思考。

　　三、做名师要善于思考，要用自己的大脑思考

　　晚上马宗磊老师分享了她成长中的很多引人深思的感人故事。在我的工作中也有很多事情和马老师的故事是相似的，只是我缺少了像马老师一样的及时反思，用自己的大脑反思，这就是我们和名师的差距吧。从马老师身上我知道了不能仅仅是想，一定要去做、去体验，而且要及时记录，及时反思。"好记性不如烂笔头"，这句话说得太好了，及时记录自己的体验、反思，自己才会在这个过程中成长，才会有更多的收获。

一天的学习是非常非常短暂的，但是一天的感触却是非常非常深刻的，感谢董老师的指导，感谢马老师的分享，让我又一次体验到了学习的快乐。

与名师为伍，共生共长

1月17日至1月20日，我参加了莘县—茌平"名师研修班"培训活动。虽然学习的时间比较短，但是培训的内容异常丰富，既有专家讲座，又有名师经验介绍，还有实地参观考察。这次的培训和以往的任何一次培训都是不同的，以前参加培训的教师都是幼儿园教师，培训的内容都是针对幼儿教育的，这次参训教师包括幼儿园、小学、初中和高中各个学段的名师，给了我一个跳出幼教看幼教的学习机会，它不仅拓宽我的视野，更让我的思想得到了升华，使我对教育有了更新的认识，更加热衷于教育事业。通过这次认真的培训和自己的努力学习，我收获颇丰。

17日上午，齐鲁名师、茌平实验小学周黎明老师给我们做了一场《儿童行为的塑造与矫正》的报告，周老师谦虚且专业，通过大量翔实的案例帮助我们理解了儿童行为塑造、行为偏差、正增强、增强物、惩罚隔离等五个方面的问题，让我们对儿童行为的塑造有了更为清晰的认识。下午孙石山局长的《解读〈中小学教师职业道德标准〉》让我们领略了专家型局长的风采。孙局长的报告融汇了名家的名言、耐人寻味的真理、感人至深的故事，既有名人的轶事，又有发生在我们身边的小事，这些案例让在座的每一位老师都深受感染，我们不仅仅要爱岗敬业、关爱学生、教书育人、为人师表，还必须要有百折不挠的精神，要拥有快乐的心态，要珍爱自我、学会创新，要学会终身学习。孙局长的报告让我从内心深处感受到了作为一个名教师，应该遵守的职业道德是什么，作为一个名师，应该追求的境界是什么。

晚上我们参加了莘县一中53级2班的感恩主题班会，同样给了我一次震撼。我深刻地认识到感恩教育一定要从小做起，我一定要在自己的班级中根据孩子们的情况，多多开展这样的活动。

都说"教育是一把双刃剑，如果教师缺乏创造性，而只会照本宣科，那么孩子的创造性就会被扼杀在创新的摇篮里"。可是怎样做才算有创新呢？

18日，杜郎口中学的崔其升校长《课堂改革和教师修养》的讲座引发了我在这方面深深的思考。崔校长用朴实、诙谐、精辟的语言阐释了何为课堂改革。

首先是教师角色的转换，崔校长说"课堂教学不是看教师讲得多精彩，而是看学生学得是否主动有兴趣"，这从评价的角度点出了课堂教学中，教师和学生所应当扮演的角色，用崔校长的话说教师在课堂上的作用就是"发动""调动"，是一个组织协调的角色。

其次是学生角色的转换。崔校长认为课堂是学生的演讲会、擂台赛、练武场。课堂是给予孩子本身，孩子想了什么？做了什么？讲了什么？……这正是发挥学生主体地位的强有力的保障落实，这才是真正地把课堂交给了学生。崔校长说："每节课必须给每个学生至少一次表现的机会。"这句话值得我们反思和牢记。他还提出教学最高理念是善良，也就是把机会送给学生，让其无拘无束地表达、表现，这受到大家的一致认可。

鞠明、赵福玉、赵华军三位名师分别从不同的角度介绍了自己的成长历程和宝贵的工作经验，也给了我深刻的启示，让我来反思自己的教育行为。

莘县实验小学、翰林中学的实地参观学习让我了解了小学和初中学段的不同教育特点，这两所学校都是我县、我市乃至全国的名校，办学特色吸引了全国各地的教师前来学习考察。

这次名教师培训，不单单在理论上有依据、在实践中有实例，而且又能从实践上升到理论，找到焦点，指导实践，在实践中提高自己的认识，升华自己的理论水平。通过培训，我发现了自己的许多不足之处，看到了今后努力的方向，也从中体会了一些平时被自己所忽略的问题。在今后的实践中，我不再满足于现有的经验，将不断学习、不断思考、不断总结，用理论指导教学实践，研究和探索教育教学规律，把科研和教学结合起来，努力前行。

数学也是有趣而美丽的

我们就像干渴的麦苗一样渴望雨的滋润，雪的滋养，2月26—28日的幼儿园数学与科学教育研讨会，就像那场及时到来的瑞雪为我们提供了一场丰盛的大餐，两天半的学习带给我的是深深的启迪和无尽的思考。

董教授的讲座《儿童的科学与幼儿园的教学教育》，让我进一步知道了孩子的科学活动不仅是有趣的也是美丽的，而且科学就在我们身边，就在孩子们的生活中。他们的科学是带有个别性、经验性、主观性色彩的，作为老师我们要懂得尊重孩子的特点，善于抓住生活中的契机，对孩子进行科学教育。每一个孩子天生就是科学家，他们的好奇心是永远不会满足的，所以我们的科学教育要激发幼儿的认识兴趣和探究欲望。我们要从孩子的生活出发，从孩子的兴趣出发，给孩子提供操作、探索、实践的机会，让他们在过程中感受，在过程中尝试、思考、判断，让他们得到属于自己的认识、经验、结论。

数学活动是最令我感到困惑的，总感觉数学是枯燥的、抽象的，常常不知该如何来设计数学活动，通过听徐雅萍老师《幼儿园数学活动的设计与有效实施》的讲座，我的思路有一些清晰了。她首先分析了逻辑序的分类、理解与把握，然后又通过案例分析了在数学活动设计前应如何挖掘主题中隐含的数数内容，举例说明了集体活动中关键元素的挖掘，这些是我从来没有想过的，我不知道在数学活动设计前是要先找出它关键元素的。最后又通过多个活动设计讲解了活动中材料的投放要有缜密性，活动环节的设计应该是循序渐进的，教师的小结要做到精炼有效、简洁明了、严谨有序，而且要为目标服务，这些都是值得我们学习和深思的。

在我们观摩的7个教学活动中，《吹泡泡》和《田鼠太太的项链》两个活动给我的印象最为深刻。马宗磊老师给孩子提供的活动材料吸管、钥匙、苍蝇拍、漏勺、刷子都是孩子们在生活中常见的，但是用这些材料来吹泡泡却是孩子不曾想过的。正是通过对这些熟悉的而又不平常的材料的猜想、尝试、操作，让孩子们在过程中去探索、去发现、去获得经验，从而培养他们的理性思维。另外马老师对孩子的尊重令我感动，在尝试用树叶和铜丝试验时，有的孩子不想去尝试，马老师就尊重他们，不强迫他们去做，这是我们做不到的。如果碰到这样的情况，我们一定会感到非常尴尬，不知所措，一定会想尽办法让孩子去试验。马老师的做法让孩子感到自己是被认可的，是被尊重的。我们也常常说要尊重孩子，可是真正做的时候却往往又要按照我们的意愿来要求他们，这些都是值得我们深思的。

两天的学习是短暂的，带给我的感悟和思考是深刻的，我深深地知道了在幼儿园数学和科学教育活动中，我要做的还有很多很多。

重新认识何为专业的幼儿教师

我有幸聆听了北京师范大学刘焱教授的讲座《新定位　新形象　新要求》，刘教授从什么是专业开始，结合丰富、鲜明、生动的案例深入浅出地对《幼儿园教师专业标准》进行了解读。此次讲座让我清晰地认识到我不能仅仅做一名优秀的幼儿园教师，更要成为一名专业的幼儿园教师。我不仅要具有专业的知识，还要改变自己原有的旧观念，学习新的幼教理念，更要做到主动学习、终身学习，主动思考、善于反思。

一、学习新思想，新理念

通过刘教授的解读，我对幼儿园教师专业标准有了更为深刻的理解。它的基本内容分为专业理念与师德、专业知识、专业能力三个维度。

刘教授的解读让我们对教师的专业能力有了新的认识。从前我们总是在弹琴、跳舞、绘画、讲故事等各项基本功上下功夫，总以为掌握了这些技能就能成为优秀的教师。其实不然，新的标准要求我们不但要掌握这些基本技能，还要掌握更多的专业技能。环境的创设与利用，一日生活的组织与教育，游戏活动的支持与引导，教育活动的计划与实施、激励与评价、沟通与合作、反思与发展，是《幼儿园教师专业标准》对我们提出的新要求，这些能力要求是科学的、全面综合的，只有真正掌握了这些技能，才能为成为专业的幼儿教师打下基础，所以我们一定要在刘教授的引领下认真学习《幼儿园教师专业标准》，把握其内涵，理论联系实际，把这些新的理念运用到我们的工作中去。

二、尊重幼儿，以幼儿为本

以幼儿为本就是要尊重孩子，尊重孩子就要充分调动和发挥孩子的主动性，遵循幼儿身心发展的特点和保教活动规律，给幼儿提供适合的教育，来保障幼儿快乐健康成长。所以我们的一切教育都要从幼儿的生活出发，我们要创造适合孩子的环境，让每一个孩子健康快乐地成长。

刘教授举了一个案例，一名4岁的幼儿因为身体有缺陷，所有的小朋友都不喜欢和她玩。老师总是鼓励其他孩子和她玩，可是孩子们还是不喜欢她，有一次孩子的妈妈来感谢老师了，因为孩子说："老师做游戏的时候拉了我的手，老师喜欢我。"这件事敲击着我的心，我们总以为鼓励其他孩子和这名孩子玩，就是尊重她，就是给了她更多的关怀，就是爱她。其实作为一个老师却从没有拉过孩子的手，没有给过孩子一个拥抱，我们还没有从心里真正地去爱她、尊重她。而宋占美博士带给我们的一个小故事，又深深震撼着每一位老师的心灵，这是一所美国幼儿园发生的事情。一位小朋友长了虱子，满头与满身都是，老师让所有的孩子自带一个大袋子，每天帮孩子装好自己的衣物，直至装到虱子绝迹的那一天。直到最后，孩子们也不知道老师为何让大家每天带个大袋子，这个有虱子的孩子也没有因为这么个"大事"而受半点影响，这才是真正地尊重孩子，不让孩子受到一点的伤害。这是值得我们深刻反思、学习的。

三、终身学习，不断提升

社会在不断地进步，每天我们都能听到新的讯息。只有不断学习，树立终身学习观念，我们才能成为一个爱学习、会学习的人；只有不断地学习，才能让我们与时代同步，才能让我们感受到知识带给我们的快乐；只有不断学习，才能更新我们的理论知识，提高我们的专业技能。刘教授的讲座使我明白了：只有树立终身学习的思想，不断掌握新的教育理念和教育方法，才能成为一名优秀的幼儿园专业教师。

刘教授的讲座虽然结束了，但是留给我的思考是无尽的，我将带着这些思考，向一个专业化的、研究型的幼儿教师迈进。

共研自主，科学衔接

——临沂培训学习总结

6月骄阳似火，犹如我们学习的热情。6月6—10日，我们到临沂参加了为期4天的幼小衔接教师专题培训。学习时间虽然短暂，但培训的内容却非常丰富，既有园长讲座，又有实地参观，还有现场教研，我收获颇多，受益匪浅。

一、自主游戏，别样童年

培训期间我们分别参观了河东区芝麻墩街道凤翔幼儿园、河东区第二实验幼儿园等四所幼儿园的自主游戏活动。每个幼儿园都精心创设生态自然的游戏环境，提供了丰富多元的游戏材料，孩子们自由、自主、积极主动的游戏精神吸引着每一个观摩学习的老师。

凤翔幼儿园游戏材料标识清晰易懂，便于孩子使用、收放材料，易于培养孩子养成良好的规则，值得我们学习。徐园长的介绍让我们进一步清晰地看到自主游戏在他们幼儿园落地、生根、发芽、成长的过程，也让我们认识到自主游戏对孩子成长的价值与意义。杨园长的分享让我的敬佩之情油然而生，在全园67名教职工只有3名在编教师，而且每年教师流动都非常大的情况下，他们成为联合国儿基会流动项目试点园，并且成功举办全省自主游戏现场会，让在座的每一位老师都无比钦佩。

河东区第二实验幼儿园的老师们每天都要深入观察孩子们的游戏，录制视频，每周一次的游戏解读？每周教研分享让老师们在学会观察、解读、理解、支持幼儿的游戏，让孩子拥有别样的幸福童年。同时老师们的专业素养也迅速提升，这些都引发了我的思考：他们的教师为什么能如此专业？我们回去之后该如何创设游戏的环境？提供游戏的材料还是提高自己的专业素养？

二、幼小衔接，科学衔接

《和孩子一同成长——科学做好幼小衔接》《让游戏成为儿童的正业》，王丽萍、于贵珍两位园长的讲座让我们对如何科学做好幼小衔接有了更加明确的认识。

从前我们认为幼小衔接是幼儿园与小学的衔接，其实科学的幼小衔接是小学与幼儿园的双向衔接，不仅仅需要小学与幼儿园有效结合，更需要家长有一个科学的育儿观、教育观，要充分认识到衔接的不是知识，而是习惯、能力、态度、情绪……是为孩子可持续发展奠基的积极学习品质。那么，如何培养孩子积极的学习品质，归根结底是把游戏还给孩子，让孩子在游戏中激发兴趣、满足好奇心、学会爱、感受喜悦、培养专注力、敢于尝试和冒险、懂得反思和合作等。

三、共研自主，专业成长

观摩自主游戏后，我们都会与参观园的老师们一起分享、交流，共研自主游戏、分享心得体会、交流思想智慧。通过观摩视频、小组讨论、答疑解惑、思维碰撞，每一位老师都对如何创设游戏环境、如何观察介入、如何解读幼儿游戏、如何分享游戏故事等问题有了自己的见解和认识，不仅对自主游戏的价值有了更加深入的理解，也增长了自己的专业智慧。

临沂之行，短暂却充实，回来之后，我将在教育教学活动中学以致用，有效落实。

聚焦自主游戏，探寻快乐真谛

——寿光跟岗学习总结

风和日丽，万物生长，沐浴着春日暖阳，我们终于来到了寿光，走进了文正教育集团的建桥幼儿园和东郭幼儿园。虽然只有短短两天的观摩，但是从初见的震撼到观摩后的惊叹，再到交流后的敬佩，我感悟深刻，收获颇多。

一、开放自然生态的游戏环境

走进幼儿园，映入眼帘的是干净、整洁的园所环境。幼儿园里绿树成荫、百花争艳，犹如一个美丽的花园。往深处走去，感受到幼儿园里的一草一木，角角落落都被园长、老师们充分挖掘和利用，沙水、石子、土坡、爬网、秋千、滑索……都成为孩子们主动探索的宝贝，开放、多元、生态、自然的游戏环境为孩子们提供了自由选择、自主探究的空间。两所幼儿园所有的材料都没有盖盖子，孩子们看得见、摸得着、用得到，随处可选、随时可选、随地可选。材料、场地、内容、形式等让开放体现得淋漓尽致。

二、自主游戏理念贯穿一日生活

在两所幼儿园里，我们充分感受到自主游戏的理念贯穿于幼儿园一日生活的各个环节，从自主早操、自主取餐、自主散步、室内外自主游戏到自选活动内容、自选活动材料、自选活动同伴……每一个环节都给予了孩子自由选择、自主尝试、自主探索、自主成长的机会，真正做到了我的游戏我做主。

三、丰富、多元的游戏材料种类

材料是孩子游戏的源泉。两所幼儿园不仅游戏材料种类丰富、数量充足，而且大多数都是低结构的材料，给孩子更多探索、创新、创造的机会，每种材料都能被孩子们变换出多种玩法，激发了孩子们的好奇心、探索的欲望，让孩子变得更加具有想象力、创新力，提高了孩子们发现问题、解决问题的能力，促进孩子们的创造性思维能力的发展。还有一个细节让我印象深刻，就是每种材料标识清晰，摆放整齐，既满足了孩子们自主游戏的需要，又培养了孩子物归原处的良好习惯，让孩子在潜移默化中学习。

四、游戏中了不起的幼儿

通过一天半的观摩，我看到了游戏中孩子们充满好奇心，能够积极主动地去探索，游戏中的他们愉悦、自信、专注、投入，善于合作、敢于冒险、勇于坚持。我看到了一个中班的小女孩把台阶当作舞台，在音乐里忘我地舞蹈，那种投入、那种忘我的状态，看得我都想和她一起舞蹈，陶醉在美妙的世界里……还有很多孩子们游戏时的状态都让我深深体会到了游戏的魅力、游戏的精神。自主游戏培养了孩子们坚毅、竞争、合作、反思等积极学习的品质。

五、放手而不放任

游戏中孩子们是积极主动、轻松愉悦的，作为观察者、引导者、合作者、支持者的教师在游戏中真正做到了放手而不放任。游戏前的引领：你想玩什么？怎么玩？和谁玩……游戏中拍照片、录视频，用心观察，了解孩子、发现孩子、支持孩子、追随孩子，游戏后的经验梳理与提升，教师的追问、反问引发孩子深入地思考、反思，成为孩子最有力的支持。我看到一个大班的老师在帮孩子做游戏记录时的对话：

教师：哪一幅是第二？（孩子指了指）

教师：你不说我能知道哪里是 2 吗？

孩子：不能。

教师：那怎样才能让别人知道哪里是 1 哪里是 2？

孩子：写上序号。

教师：对呀，我们已经说过了，要写清标记，让没有看到你游戏的人，看得懂你的画，所以记清楚老师说过的话很重要。

……

两所幼儿园的老师们真正做到了：放开手、管住嘴、竖起耳、睁大眼。

六、思维碰撞，有效的教研

教研是思维的碰撞，是交流、合作、探究的平台。我们观摩了东郭幼儿园园长和骨干教师关于《游戏中教师如何有效介入》的专题研讨。园长先抛出问题，请老师们观看视频，小组讨论，梳理关键词和疑问，小组代表介绍本组成果，再进一步提出问题，分析问题，提出建议及解决方法。这种通过观看视频的研讨方式，让教研变得更加有效。促进了教师的专业成长，专业的教师们变得能放手、会观察、会分析、会支持，进一步让自主游戏变得更有质量。

七、学有所思，学以致用

愉悦的时光总是过得很快，两天的时间结束了，我们带着满满的收获踏上了回归的路程。一路我都在思考：如何让自主游戏的精神与内涵在我们幼儿园落地？如何让我们的教研更加有效？如何把我们学习到的先进经验传递给每一个老师？……我们应该深入学习《3—6岁儿童学习与指南》，学习幼儿教育学、心理学等，汲取寿光幼儿园的先进经验，结合我们的实际情况，让教研活动更加有效，让自主游戏的理念在我们的幼儿园落地生根，让自主游戏的精神根植于孩子的内心，也让孩子在自主游戏中发现了不起的自己，成为了不起的自己。

第四篇　　品悦书香，丰盈智慧

　　莎士比亚说："生活里没有书籍，就好像没有阳光，智慧里没有书籍，就好像鸟儿没有翅膀。"与文字会晤、与灵魂对话，阅读不仅仅是获得专业知识，更是一场心灵与心灵的交融，思想与思想的碰撞。书香的温暖让心安宁，书中的智慧让思想升华，享受读书的惬意和自由，融合教育的实践与感悟，让灵魂在阅读中飞舞，让生命在阅读中舒展与成长。

在行动中学习

——读《回到过程之中——幼儿园课程建设的路向》有感

读了虞永平教授的《回到过程之中——幼儿园课程建设的路向》这篇文章，感触颇深，收获颇多。

虞教授的这篇文章再次强调了《幼儿园教育指导纲要》中"幼儿是活动的主体，在教育过程中应依据幼儿的已有经验，引导幼儿生动、活泼、主动地学习，促进幼儿全面健康地发展"的观念。这样的理念其实我们很多幼儿教师都已经明确意识到了，我们在写活动反思时常常写："在××活动中我们是幼儿的支持者、合作者、引导者，真正体现了幼儿的主体性、教师的主导作用……"可是我们在具体的教育实践过程中仍是难以真正地实施。那么，问题出在哪里？

通过反复研读虞教授的这篇文章和这段时间的学习，结合自己工作的实际情况，我进行了深刻的反思。其实虞教授所说的这些现象正是我们教学过程中存在的现象，说一点自己最深刻的感悟："过多关注听，埋没其他感官的功能，忽视体验。"

正像虞教授说的，我们过多向幼儿传授知识，让孩子们端坐着听我们讲解，忽视了幼儿的亲身体验。我们在教学活动中，往往为了向孩子传授知识，让孩子明白一个道理而不停地向孩子们说教讲解，就怕他们听不懂，我们过多地关注自己的教学，心中没有了孩子，"使得课程远离了幼儿的发展和需要"。

读了董老师推荐的《幼儿园科学教育》，书中介绍了皮亚杰和维果茨基两位心理学家关于儿童科学认识的理论观点。在谈到如何平衡教师的教和幼儿的自发性学习这个问题时，维果茨基指出幼儿园的教学应该将以下两个方面结合起来：一是幼儿"自己的大纲"（指的是要符合儿童的兴趣及其思维特点），二是"教师的大纲"（指学科体系）。维果茨基强调"将传授知识与使这个大纲变成幼儿自己的大纲结合起来"。这也正是虞教授文中指出的："幼儿的'个人'故事各不相同，这是由他的'古老'故事决定的，也是由教师和学习者对'现代'故事的演绎方式和演绎水平决定的。"这就要求我们幼儿教师既要了解幼儿的已有经验、兴趣、需要及思维特点，并以此作为教学的起点，也要在教学中着眼于丰富幼儿的经验，将教学内容和儿童的经验结合起来，为幼儿提供较多的感知、观察、操作的机会，让他们运用各种感官在真实的解决问题情境中获得经验，在探索的过程中获取最直接的经验。

　　既然先要了解幼儿的已有经验，那么我们怎样才能了解孩子的已有经验有哪些呢？

　　一方面，我们要再次深入细致地学习《学前心理学》《学前教育学》，全面掌握幼儿的身心发展规律和特点，另一方面要在实际工作中做个有心人，细心观察孩子，多和孩子进行交流沟通，了解不同孩子的独特性。这样我们才能了解幼儿达到了什么样的水平，具有什么样的经验，他们的最近发展区在哪里，这样才能确定我们的教学大纲，才能使课程成为孩子的课程，才能使课程的组织方式适合幼儿的发展水平。只有了解孩子，我们才能创设适宜的环境，让幼儿在行动中学习，才能让他们在原有的经验、认知、能力上得到新的提高。

课程，来源于幼儿的经验

——读《课程与教学的基本原理》有感

在周博士推荐下我读了现代课程最有影响力的现代课程理论之父"泰勒"的《课程与教学的基本原理》。这本书的主要内容有以下三部分：第一是《课程与教学的基本原理》的背景，包括对作者的简单介绍和本书的理论背景、实践背景的介绍。第二是课程的编制过程，包括4个基本问题，确定目标、选择学习经验、组织学习经验，评价学习结果。第三部分是作者获得"科学研究杰出贡献奖"在1965年发表的献辞摘要，主要是作者在本书出版十几年之后对原书的思考、变更和修改等。

针对本书我感触最深的有几点：一是目标的来源。我们大家都知道要从事课程编制活动首先要确定目标，书中对于目标的选择包括3个方面的信息：第一，对学生的研究；第二，对当代社会生活的研究；第三，学科专家的建议。泰勒指出"教育是一种改变人的行为方式的过程"。"他认为我们只需要把有关学生目前的状况和理想的常模加以比较，确认其中存在的差距，就可以发现教育上的需要，从而提出教育目标。"这种说法和维果茨基的最近发展区是一致的，同时在关于选择学习经验的第三条原则也强调：学习经验所期望的反应，是在学生力所能及的范围之内的。所以我们在制订课程目标时首先要考虑的是孩子的已有经验和现有水平，为孩子提供各种活动的机会，让他们在与环境的相互作用中获得发展。

二是目标的陈述。泰勒发现目标陈述通常容易犯的错误有三点：第一，把目标作为教师要做的事情来陈述；第二，列举课程所涉及的各种要素，但没有具体说明希望学生如何处理这些要素；第三，采用概括化的行为方式来陈述目标，但没有具体指明这种行为所能应用的领域。针对上述三种目标表述形式的不足之处，泰勒提出了有效表述目标的形式，即同时"指出要使学生养成的那种行为，以及这种行为能在其中运用的生活领域或内容"。在我们平时的教研活动中我发现有很多老师表述目标的方法不合适，有的过于空洞，有的不够具体，还有的把手段或途径写到目标中，这一点我们已经反复强调多次，但是依然有很多老师出现这样那样的错误，是值得我们反思和改进的。

泰勒还强调："教育目标是指导课程编制者所有活动的最为关键的准则。"反思我们在开展园本课程的过程中，虽然在周博士带我们制订课程方案时，我们是分年级组结合各年龄段幼儿的特点，根据我县周围现有的资源进行了筛选和周博士的建议来形成初步的课程方案，但是在制订课程方案之前和制订方案时，我们缺乏对课程整体目标的考虑，在目标的选择上我们还比较随意，不够系统，没有整体的规划。我感觉当时讨论时我的大脑中没有一个明确的关于这个主题目标的框架，没有一个具体的规划，我们是先搜寻、选择了活动的资源和内容，再来确定每个活动的目标。我不知道其他两个组当时是什么样的情形，我想起了在教材改版的时候，我们都是先讨论大主题的框架，这个主题主要让孩子获得哪些发展，需要哪些次主题，每个次主题包括哪些领域的哪些主要目标，再根据目标去选择相应的活动内容。这是我们需要反思、改进的。

三是关于学习经验的选择。泰勒强调："学习是通过学生的主动行为而发生的，学生的学习取决于他自己做了什么，而不是教师教了什么。"幼儿是有学习能力的主动学习，我们最主要的任务是了解他们的学习兴趣和已有经验，构建引发幼儿内部期望的学习经验的情境，让他们主导环境产生互动并获得满足感。这和第一条是一致的，在这里再次说明，是因为我们有了这样的意识，但是行动上还有很大差距，还需要真正地去落到实处。

四是有效组织学习经验的准则：连续性、顺序性和整合性。这几点都很容易理解，就是说我们要给孩子创造多次操作、尝试、练习的机会，同时要引导根据幼儿已有经验获得新的经验，引发幼儿进行更深、更广的探讨，从易到难，从浅到深，层层递进，螺旋上升。幼儿园课程的整合性就更加明显。

五是评价的必要性和有效性。评价是课程编制中必不可少的，因为评价能够使我们知道课程的哪些地方是有效的，哪些方面是需要改进的。而且我们要清楚评价必须包括两次，要知道孩子从什么地方起步，到最后到达了什么地方，这期间发生了什么样的变化。但是不论是园本课程建设还是省编教材的实施，我们都没有能进行有效的评价，甚至没有评价，也可以说是没有评价的意识，也就没有对评价的方法和程序等进行过深入的思考。

这本书读第一遍时感到非常晦涩难懂，第二遍感觉渐入佳境，第三遍感觉引人入胜，当我读完第四遍时，真的是感觉到融于自己的内心了，让我感到学以致用的地方主要有：

第一，制订科学适宜的目标。

不论是什么活动，我们首先要考虑的是目标的适宜性和科学性，要从研究幼儿、研究社会生活出发，要依据《幼儿园教育指导纲要》《3—6岁儿童学习与发展指南》精神，比如：在设计一个健康活动时，目标是快速侧身钻过一定高度的皮筋和双脚跳过一定高度的皮筋，这两种高度为多少？就是通过调查了大班现有的经验水平之后定为快速侧身钻过60厘米以下和跳过30厘米以上的皮筋。

第二，编制行动的课程。

书中指出：课程编制是一种实践性的工作，而不是一种理论性的研究。而幼儿园课程是有目的、有计划地引导幼儿积极主动地通过多种感官获得有益经验的过程，是具有动态性、过程性、游戏性和情境性的，是幼儿积极投入其中的多样化的活动，是幼儿在生活和游戏中获取直接经验的过程。不是我们写的一篇篇教案，必须是做出来的，而不是写出来的。我们将开展园本主题活动《家乡美》，文本方案已经设计完成，在实施的过程中我们一定争取创设真正使孩子有表现机会的情境，引导幼儿全身心、多感官地投入到多样化的活动中。

第三，运用评价完善课程编制。

针对课程实施中缺少的评价，需要改进和补充完善的，我们可以通过观察、交谈记录、反思等方法对我们的课程尤其是园本课程进行评价，包括课程开始、实施和最后阶段都要进行评价。结合以往的经验，我们发现没有最后总结评价的课程是不完善的，在下一步的工作中我将针对如何进行有效的课程评价开展研讨。

从心理出发，轻松做幼儿教师

——读《跳出传统思维的幼儿园教师实用手册》有感

经董教授的推荐，我学习了农村读物出版社出版的蔡伟忠老师的《跳出传统思维的幼儿园教师实用手册》一书。蔡老师这本书，不管是新教师还是有工作经验的老教师，在看了之后都会有很多的启示和思考。针对我们工作中的一些实际问题，蔡老师帮我们找到了分析问题的角度和解决问题的方法。这本书浅显易懂，没有说教，有的只是像朋友一样的建议，读起来很贴心，也很实用！下面谈谈我的一点学习体会。

一、掌握幼儿心理，建立常规

孩子入园后，建立常规是我们每个老师所要面临的最重要的一个问题，也是我们感到最累、最头疼的一个问题。蔡老师给了我们一个非常好的建议，就是用"循序渐进"的秘诀来建立常规。我们要了解孩子的心理特点，让孩子喜欢老师，和老师建立良好的感情，孩子喜欢上幼儿园了，我们才可以建立好的常规。

1. 什么是常规？

一般我们认为，建立常规，就是让孩子服从你，听你的指令。其实常规的真正意义，是让孩子知道建立规则是要让大家的群体生活环境更安全、更舒适，是促进孩子心理健康发展的。所以，常规不是要让孩子听话，服从大人的指令。建立孩子的常规是有效教育的基础，但是，只有能够"内化"的才是真正的常规，内化的标准是"当老师不在、没有奖罚的真实行为"。

2. 建立常规的原则

第一，要建立师幼之间的感情基础；第二，要分清楚小中大班孩子的不同特点，根据特点制订教育内容和引导方法；第三，老师要能够控制自己的情绪，以正面的态度面对孩子的常规问题。老师的素质、老师的态度是常规的灵魂，老师不应该把自己当作班里的统治者、管理者，而是应该把自己当作引导者、共管者。孩子要遵守的，老师也要遵守。除了这种态度外，老师还必须注意情绪，不能为发泄情绪而对孩子有粗暴的语言和行为，这样不但对工作没有帮助，反而会让其他孩子学习老师的行为，令常规更差。

所以建立孩子的常规，从老师个人的素质开始。

3. 如何让孩子遵守规则？

第一，老师和孩子一起做。第二，在教学活动中模拟情景排练，锻炼孩子的常规意识和能力。第三，利用清楚的常规标识。第四，让孩子教育孩子，让能力高的孩子教育能力低的孩子。第五，分组教学法。在建立常规的细节上要按照不同年龄段孩子的特点处理，小班尽量利用环境塑造常规，到大班时则让孩子自主，理解常规背后的意义，内化形成自律，然后师幼共同建立常规。

二、孩子能做的就让孩子做，让环境布置成为老师的好帮手

幼儿园环境作为幼儿园教育的一个重要组成部分，是幼儿教育中的一门"隐性课程"，它在幼儿教育中的作用不言而喻，幼儿园环境创设也越来越引起我们的重视。重视幼儿成长和学习的环境，积极开发和利用环境因素是当今幼儿园教育改革的一个趋向。

但是对我们来说环境创设也是一个让我们感到非常纠结的问题，老师花大量的时间在环境创设上，却并没有起到应有的作用。我们创设的环境多是仅仅为了"美化"，而且多是以成人的标准来做的，大多是一个学期不变的，甚至是一年不变的，孩子们的注视率几乎为零，更不用说与孩子间的互动了。蔡老师给了我们一个非常好的建议——"尽量把老师的工作转化为孩子的学习任务"，这样既减轻了老师的工作负担，孩子在参与的过程中也会得到有价值的经验，从而提高了环境的教育功能。

我们在环境布置时要遵循的原则有：第一，高度原则，要考虑孩子视线的高度，因为这个高度的东西能让孩子"立即看到并产生联想"，要考虑以儿童的视角去设计幼儿园的环境创设。第二，过程比结果重要的原则，应该把布置环境的过程作为教育的过程，尽量让孩子参与，这样不但能提高孩子的积极性，而且能锻炼孩子独立思考的能力。第三，先功能后美观的原则。

环境布置的最高境界：在主题课程实践中运用环境布置，把主题活动过程、成果展示和环境布置结合起来，我们应该思考环境布置的调整过程，如何与主题课程结合。"主题动态环境布置"的操作中，孩子在主题活动的任务是随着主题的生成、变化不断调整，通过孩子和环境发生互动，培养了孩子的任务意识，促进孩子经验和知识的建构，也提升了老师工作的价值。所以，在环境布置的过程中孩子能做的就让孩子做，不但能培养孩子的素质和能力，而且减轻了我们的工作负担。

三、把握教学活动的评价标准

怎样设计好教学活动是我们感到十分苦恼的问题，怎样让集体活动有效，常常困扰着我们。蔡老师指出，设计教学活动前，我们必须知道指导教学活动的评价标准。第一，这次活动是否有必要。第二，教学活动发展目标制订的具体性和价值。第三，教学活动内容的价值及意义。第四，学习目标的"上不封顶，下要保底"。第五，活动是否围绕一条主线进行阶段性建构。第六，材料的投放、活动的可操作性、老师的提问、师幼间的互动、孩子间的互动、个别孩子的需要等，都是教学活动评价的标准。了解了这些评价标准，我们在设计教学活动时，就要考虑：

1. 研究教材

在教材的研究中我们能看到每个教材重点是什么？这个教学活动我们要发展孩子什么？而不能拿来一个教材就上，这节课大概设计三个环节，每个环节有三个问题，就把这个东西交代了。我们一定要研究这个教材对孩子有什么样的发展，哪些是真正有意义的，哪些是值得展开的，内容要和孩子发生有意义的互动。

2. 解读孩子，解决适切的问题

就是说我们教材研究透了，然后要研究这些内容和这些孩子是否适切，关键是要找到孩子的犹豫点，即孩子的最近发展区。

3. 精心设计

当我们研究透了教材和孩子，就要设计活动。同样一个内容，我们要上出它的价值，我们不仅要研究环节设计还要研究提问，提问一般来说有三类：一类是集体性的提问，去帮助孩子扫清理解障碍；第二类问题，是一些挑战性的提问，这样，这节课对孩子的发展才能最大化，如果都是一般性的理解性的提问的话，可能孩子懂了明白了什么事情，可是他的刺激挑战会打折，挑战性的提问能调动孩子已有的学习经验，能达到发展的最大化的目的，所以一节课当中要有几个挑战性的提问。第三类提问就是要有一些概括性的提问，常常是在一个环节要小节的时候或者整个一节课要结束的时候提出，这样就把活动的内容一个环节一个小结，最后整个活动所要的东西就会达到目的。

四、掌握生活中的教育元素

幼儿教育的核心价值是塑造孩子，塑造孩子的行为习惯、能力、价值观，这些是没办法通过上课完成的，只有生活中的教育元素才能够体现幼儿教育的核心价值，只能通过"长期固定的生活模式"来培养。所以幼儿教育要打破传统的思维模式，调整课程的方向，在科学的幼儿心理学、教育学的基础上，建立有价值的"长期固定的生活模式"，这样一种能够有效体现幼儿教育核心价值的手段。让孩子成功地被塑造，我们首先要让孩子有安全感，然后让孩子感到被尊重，具备了这些条件，我们就来设计生活中的教育元素，其策略是：一、孩子能做的就让孩子做；二、建立家庭教育中的生活教育元素。家园共育不仅仅要体现在教学活动中，建立家庭生活教育元素更有价值，不但对常规、素质教育有用，而且家长在生活中也可以帮孩子建构知识经验，让我们的活动开展起来更轻松。

五、做好家长工作

我们要想与家长进行良好的沟通，给孩子创设一个可以延续的教育环境，除了专业要过硬以外，还要掌握与家长沟通的技巧。

1. 先表扬后批评，先做人后做事

在与家长沟通时一定要注意技巧。首先，与家长交流孩子的长处，多从正面入手，稳定家长的情绪；然后切入正题，交流孩子的不足，谈问题时，要就事论事，不要笼统地把孩子说得一无是处，要帮助家长分析孩子出现问题的原因，与家长交流如何帮助孩子改正不足，提出建议和意见。

2. 对家长要一视同仁

家长之间的差异是客观存在的，学历、职位、性格均有不同。无论家长间存在什么样的差异，从他将自己的孩子送到幼儿园的那一天起，家长与老师就开始了共同的历程——教育好孩子。因此，我们应该学会与每一位家长交流，让每位家长都能感受老师的关注或重视。由于职业、性格、文化水平等因素的不同，家长的教育观念和教育方法也不尽相同。这就需要我们深入地了解家长，以便有针对性地与家长沟通。

3. 不要有问题时才沟通，平时应多交流

平时要多利用接送孩子的时间、电话、邮件等多种方式和家长交流沟通，把沟通和教育相结合，就很容易得到家长的理解和支持，就能掌握与不同家长沟通的技巧，老师和家长之间就能够相互学习，建立友谊。

孩子能做的就让孩子做，幼儿教育是让孩子在运用中把知识变成自己的经验，是以幼儿整体发展为核心的。适量的就是最好的，这是我学习这本书最深的感悟。幼儿教育是一个缓慢而优雅的过程，是一门慢的艺术，需要我们静心研读孩子的心灵密码，需要我们用心发现孩子的无限潜能，需要我们悄悄等待花朵自然绽放、果实自然成熟。

回归自然，顺应孩子成长

——读《发现孩子》有感

　　一直想读一读教育家蒙台梭利的书，吸引我读这本书首先是因为书的名字——发现孩子，在当当网上看了简介之后感觉内容也一样吸引着我，于是就拍下了这本书。书拿到手之后浏览了一下，感到理论性有些强，需要认真仔细地消化，当深入看进去之后发现，这本书不仅适合老师来读，也适合家长来读。

　　这本书介绍了儿童发展的规律，蒙台梭利从心理学、生理学、教育学等多个领域的不同角度揭示了儿童是作为一个积极的、活动的、发展的存在，教我们真正地去发现孩子，指出了教育的任务就是激发儿童内在潜能的发展。我感受最深的有以下几点：

　　一、让孩子回归自然

　　蒙台梭利指出在教育孩子时我们必须遵循这样一条原则：尽量把所有的事情留给自然。因为只有这样才能为孩子设计出一套科学的、有利于其身体成长的方案。我们应该在精神上给予孩子自由，引导孩子的性格、智力与情感得到最大程度的发展，让充满创造力的自然打造他们的心灵自由。要求我们教育者应该以一种宁静的心态去关注孩子成长中出现的所有奇迹。当然自由的原则并非放任的，恰恰相反，这需要我们细致观察，适时引导，用自己的知识积极有效地照顾儿童。

　　二、让儿童成为自己的主人

　　蒙台梭利主张让孩子接触重大工作，在工作中获得精神力量的平静，在平衡与协调中健全地发展。

　　她利用曲线图说明了孩子的活动过程。在纸上画一条平行线，表示孩子处于休息状态中，平行线以上表示有纪律的活动，平行线以下代表随意乱玩、没有规律的活动，而曲线的方向则表示时间的长短。她的儿童之家做过这样的实验：当孩子进入教室后，通常先安静一会儿，接着才开始找事情做。因此，曲线是先往上，画到代表有规律的活动部分。然后孩子玩累了，活动开始变得有点混乱，这时候曲线会画到平行线以下一直下降到其活动没有规律的部分。接下来，孩子会换一项新的活动，曲线图又会再一次往上升到有活动规律的地方，等到玩得不想玩时又会跌到平行线以下。由此看出，让孩子成为自己的主人，让孩子拥有一个完全属于自己的世界才是我们应该做的。因为孩子在成人的世界里找不到自己的地位，正像我国著名教育家陈鹤琴先生所说的，儿童的手指只能长在儿童自己的手掌上，而不能长在成人的手掌上。蒙台梭利指出所谓"天才宝宝"的培养，就是给他一个自己的空间，让他自己去发挥，成为自己的主人。所以在活动中我们要给孩子提供做事的机会，我们要尊重孩子的自由，对孩子有信心；让他们全身心地投入到工作中，学会耐心等待，我们就一定会看到孩子全新的转变。孩子越专心，就越能从工作中获得平静，越能发自内心地去遵守纪律。我们只有在等到孩子找到自己心智深处尚未被发现的潜能时，孩子焦躁不安的心情才得以平息。我们不能急于对孩子加以指导，强加给孩子一些规则，而是要对孩子进行仔细地观察、分析，尽可能地依据孩子的天性来让他有发展的可能，这样孩子才能茁壮成长。

三、为儿童提供美丽、适宜的环境，顺应孩子的成长

蒙台梭利强调，教育和引导儿童的是环境本身，老师仅仅是使孩子同环境进行直接的互动，所以我们要为儿童提供美丽、适宜的环境，让幼儿园成为孩子自由自在生活的地方，让他们能够享受内在发育方面潜在的和精神上的自由，按照自己的规律自由成长。

适宜的、美丽的环境，其实就是孩子成长需要的环境，就是按照孩子的需要，而绝不是大人一厢情愿地认为的"好的环境"。在蒙台梭利的"儿童之家"，儿童用具、桌椅是轻便而且易于搬动的，更重要的是它们具有教育性。如：他们让儿童使用瓷碗、瓷板和玻璃杯、玻璃吸管，因为那些物品最容易打破，一旦它们有破损，就等于是在向孩子们粗鲁和漫不经心的行为提出警告。这样就可以引导儿童纠正自己的行为，训练他们行动细心、准确，学会不碰撞、不打翻、不摔坏东西，使自己的行动变得越来越文明和有节奏，并逐渐成为各种器皿、用具的管理者。同时，孩子们也会养成好习惯，使自身更加完善。

再就是成长的软环境，为什么孩子喜欢户外活动，常常流连忘返，因为户外有他们的小伙伴，有沙子、小鸟、树、花。在大人看来再寻常不过的东西，却是他们要探索的目标，所以，不要埋怨孩子把家里弄得乱七八糟，其实，他们也是在工作，在这个工作中不断学习。

让环境说话，让孩子自发评判和规范自己的行为，把教育转变为一个内化的过程。这让我感受到了环境的最高教育境界。

书中强调教育者应该充当一个"观察者"，站在孩子旁边默默地观察孩子，给孩子自由发展的空间，为他们提供有准备的成长环境，让孩子在真正属于他们的环境中注意自己的言行、掌控自己的行为举止。作为家长、老师，我们需要做的不是像"襁褓"一样裹住孩子，而是放开孩子，给孩子自由，让他们乐在其中地享受属于自己的快乐。

读了这本书我再次意识到，我们只有做一个真正的"观察者"，发现孩子，了解孩子，为孩子提供适宜的环境，给他们自由发展的空间，孩子才能得到真正快乐的发展。

追根溯源，与孩子共同成长

——读《幼儿问题行为的识别与应对》有感

　　在董老师推荐的几本书中我选择了《幼儿问题行为的识别与应对》这本书，因为在我的工作中总是会遇到孩子们出现这样那样的问题行为，而又总是找不到好的解决方法。这本书的名字《幼儿问题行为的识别与应对》一下就吸引了我，让我迫不及待地拿来一读。

　　这本书确实给我提供了很多实用、有效的帮助，真是让我受益匪浅。书中用统一的版式来帮助我们了解，作为一名教师应该怎样用一种清晰的、聚焦的、重点突出的方式来处理儿童的问题行为。作者通过具体的案例针对幼儿的每一种特定的问题行为，都做了分析并且解释了其行为背后的原因，更重要的是为我们提供了在"处理"这些问题之前该做的准备活动、具体的处理策略以及处理之后的进一步强化措施，围绕着问题行为的产生、发展、消退进行了详尽的论述。这本书提示我们要把注意力集中在引起这些行为的潜在原因上，在改变儿童的问题行为之前，我们一定要仔细观察这名儿童的生活环境，弄清可能导致这种行为产生的原因。因为任何行为必定都会产生一定的后果，这就需要我们从多个角度来考虑这种行为，思考当环境发生变化时如何处理儿童的行为，多角度的思考会帮助我们收集一些有关这种行为发生的频率的信息，然后提出一个建设性的方法。书中还详细地介绍这个方法中的每一个步骤的具体细节，最后提出一些建议来巩固儿童的行为变化。

　　针对儿童特定的问题行为，这本书提供了不同的指导策略和建议，这些指导策略因儿童问题行为本质的不同而变化。有一些行为需要我们教师迅速采取行动，尤其当儿童的行为伤害了或者有可能伤害到他人时。另外一些策略则会关注儿童的破坏性行为或者是令人讨厌的行为，或者是儿童在活动中缺乏社会互动。不管儿童的行为是怎样的，作为教师必须要关注、尊重儿童的行为及他们的需要。想要儿童的行为变得让人能够接受，教师就需要采取有效的方式并花一定的时间。教师经过深思熟虑后形成的策略能够指导并帮助这些儿童学习更多有效的、可选择的行为方式。

通过阅读这本书我还获得了两点非常重要的启示：

第一，问题行为在幼儿的生活中是必不可少的。儿童并不是生来就能理解社会规则和社会期望的。儿童是通过其他人，尤其是成人的反应以及他们自身行为的后果而渐渐习得这些内容的。孩子们的每一步成长，都依赖于成人所提供的环境和养料，环境和养料提供不当就会导致儿童出现问题行为。因此，针对儿童问题行为这种意外的"瑕疵"，教师首先就要从环境和养料入手。有序的教室环境、适宜的活动和材料、合理的日常规则、良性的师幼交流等构成了儿童成长的积极环境；成人正确的教养态度、适当的期望水平、良好的教养习惯、科学的教养方式，调配出了营养丰富的养料。它们二者要融合在一起，以一种潜移默化的方式，引导儿童向理想的方向自然生长。

第二，儿童的每一种问题行为都绝不可能是"无本之木、无源之水"，背后总有其特定的原因。如果不去探寻它们出现的根源，一味地像对付"毒瘤"一样去切除、压制，效果只能适得其反。面对问题行为时，教师首先要进行细致的观察，接着要与孩子的家人进行有效的沟通，以找出问题行为发生的原因，与幼儿的家长共同协商孩子的问题行为也是解决幼儿问题行为非常重要的一个环节。只有教师和家长能够为了儿童的成长和发展共同合作，教师采取的针对性处理措施才有了身后的根基支撑。

另外这本书可以用作我们幼儿教师的指南，也可以作为一种刺激以引发我们教师来认真地反思为什么儿童会出现不恰当的行为。但是这本书并不是"食谱"，因此不能解决各种情境中的问题。每个儿童的行为都是独特的，因为引起行为的原因和情境各不相同，这就需要我们教师针对每个儿童的行为去批判式地吸收和借鉴。

图画书，让我与孩子共享幸福时刻

——读《我的图画书论》有感

　　《我的图画书论》作者是日本的图画书之父松居直，由上海美术出版社于 2009 年出版。之所以看这本书是因为在读彭懿的《世界图画书：阅读与经典》时，书中多次提到松居直先生，而且松居直被尊称为日本图画书之父，我很想从松居直的书中了解更多有关图画书的知识。所以在网上搜索松居直的书，通过喜欢图画书的人的推荐，我买了《我的图画书论》和《幸福的种子》这两本书，今天就把我读了《我的图画论》这本书后的一些体会和大家交流一下。

　　这本书介绍了图画书的知识与观念、图画书的选择和分享、图画书的意向和语言、图画书的历史和传统、图画书的欣赏与细读、图画书的编辑和出版六个方面的内容。我感受最深的有以下几点：

一、图画书不是教科书，也不是习题集

　　对孩子们来说，图画书是快乐的读物，不是教科书，也不是问题集，而我们常常在给孩子读完图画书的时候，会不由自主地向孩子提一些问题：这本图画书有意思吗？都讲了什么？大灰狼一开始怎么样？后来怎么样？最后呢？……当提问成为一种习惯时，孩子们便会在听故事的过程中为了回答问题做准备，这样就不能充分感受故事的情趣，体验书中的感情了。长期如此，孩子会觉得自己的愿望没有得到满足，也就是不喜欢听妈妈读图画书故事，开始讨厌图画书了。即使与孩子对话也是要注意自然。我们应该站在孩子的立场读图画书给他们听，要不停顿地一直念下去。当打开图画书的封面，听到"很久很久以前"的那一瞬间开始，孩子们就进入了故事的世界，踏上了故事的旅途。即使故事结束，孩子们依然会停留在故事的世界里，展开自由的想象，在幻想的世界里翱翔。

二、读书不是读字

我们都知道要从小培养孩子读书的好习惯，而培养读书的好习惯就是要从大人给孩子读书做起。图画书就是孩子开始读书的出发点，但是如果把图画书作为识字教学的一个工具，那就大大弱化了图画书的价值；读图画书本不是为了让孩子识字，而是让不识字的孩子通过只看插图就能理解故事内容。孩子们一边看书，一边沉浸在幻想中，这是他们幼小的心灵和图画书的世界融为一体的真正读书的时刻。通过阅读图画书，孩子充分体验到读书本身的乐趣，并深深地进入到书的世界之中。只有更深层次地进入语言世界，才能体会到作家的情感、想法、想象力，才会有更多的收获。

如果只是为了让孩子认字而读书，肯定是失败的，这样就不能完全地进入故事中，所以父母给孩子读书不能有功利性目的。给予小学生读书也是一样，要尽量避免去说明、解释和讲解，只要全心全意地读书就够了，孩子能体验到读书和语言的乐趣。这并不是否认读书的教育性，而是强调孩子读书的心情要相通，快乐和兴趣是最重要的。

三、图画书是大人读给孩子听的

在松居直先生的两部作品《我的图画书论》和《幸福的种子》中，他都非常强调阅读图画书时的亲子交流。图画书是大人读给孩子听的书，是为了孩子快乐而存在的。当孩子坐在父母怀里，父亲（母亲）或深沉或温柔的声音，载着文字符号所传达的美妙的意思，进入孩子的耳朵、大脑时，孩子收获的，除了对内容的理解，还有亲子间的感情。如果让幼儿独自阅读图画书，读书需要付出很大的努力的话，孩子就会对书敬而远之，投入电视的怀抱。图画书，应该成为亲子间的一个桥梁，让家长把自己的理解、自己的生活体悟、自己的文学修养，借助图画书这种孩子喜欢接受和易于理解的方式，进行传承。当父母与孩子共读一本书时，他们其实经历了同样美好的冒险，和孩子有了思想与情感上的共鸣。亲近母语创始人徐冬梅老师有这样一个观点：阅读，从听读开始。要想让孩子爱上阅读，从大声地读给他听开始吧，早一些，从学前开始，会更好。

在给孩子们读图画书的时候，只需要用简单的、普通的读法，要读书中的文字，这些语言孩子会记住的，虽然当时有的听不懂，但随着年龄增长就会慢慢知道它的意思。大人反复给孩子读书，孩子会记住书中的语言，有时候甚至一句不差！这一点很多做父母的都有很深的体会，从婴儿就开始给孩子读书，2—4岁是体验语言力量的最佳年龄，这个时候他们看书看过的文字就会自己说出来。给孩子读书不是教育，是在反复读书中形成孩子自己的东西，进而真正获得读书的乐趣，这是所有孩子都有的潜质。比如有的孩子喜欢反复让父母给他读他喜欢的某一本书，孩子很高兴，大人也应该觉得很幸福，这一点也有很多老师深有体会。还有就是，读书的时候请大家一定要从封面开始仔细地看，要让孩子好好地看被称为书的脸的封面。读过书名以后，再慢慢地翻过封面。翻开封面就像演戏时的拉幕一样，念书的人和听的人都充满了期待感和紧张感。在这一瞬间，念书的人和听的人，两者的心奇妙地相通了。然后，经过环衬、扉页，进入正文。

四、孩子阅读的是图画书的插图

通过和孩子一起读图画书，我们知道了虽然孩子不识字，但是他们依然能看懂图画书。《我的图画书论》也介绍了作者上小学低年级的三个孩子通过插图就喜欢上了法文原著的图画书，这说明孩子们通过看插图就能理解故事的主题、内容。有时候语言不能表达的细节，通过插图就可以表现出来，优秀图画书的插图会将故事的世界充分表现出来，所以孩子们确实能够通过阅读图画书的插图来理解故事内容。

图画书另一个重要的部分是语言。语言的顺畅完整是一本图画书非常重要的部分，还有读语言的人的语气语调也是非常重要的。孩子都是通过感官来获得体验的，而好的图画书会令父母对孩子讲话的语言更加丰富，如果爸爸妈妈讲故事时亲切的话语特别入耳，会加深孩子对讲故事的人和故事本身的感情。

所以在挑选图画书时应该先读画，能通过插画表达出故事内容、主题意思才是好的图画书；其次是读文字，但绝不能默读，可以从声音中感觉文字的好坏，而且要直接读给孩子听，小孩子比大人更懂图画书，通过观察他们的表情，就能立刻知道书的好坏（这个功夫需要修炼）。另外我们读的时候，还要用自己的耳朵去听，去判断书中的语言是不是适合孩子。

五、孩子的想象力和图画书

唯有孩子们具备了丰富的想象力，他们的心灵才将拥有一个爱的内在世界，他们才能不断健康地成长。

图画书与儿童的想象力有很大的关系。儿童并不是生来就具有丰富的想象力的，想象力是通过直接、间接的体验获得的。体验越丰富，想象力也越丰富。图画书给幼儿提供了丰富体验的机会，在补充丰富儿童还没有充分发展的想象力方面，具有巨大的作用。孩子是根据图画书中的插图来进行想象的，他们看着每一幅插图，可以领会每一幅插图所讲的内容，但是把前后两幅画的内容连接在一起的时候，就会发现两幅画之间的部分不连贯。这时就需要孩子们根据两幅画的各部分来发挥想象力，想象欠缺的部分，这样一幅一幅看下去，想象下去，故事情节的发展就被整理出来了。慢慢地孩子们的想象力会越来越丰富，所以图画书是幼儿想象力的一个重要起点。

在这本书中作者反复强调，图画书的基本原则是："不是孩子自己阅读，而是大人读给孩子听的书。"尽心地给孩子们读图画书，孩子便会喜欢读书。有家长问著名儿童文学作家梅子涵："有或没有儿童阅读，到底对以后有什么区别？"梅子涵说："在于成人后，其心中有没有那块温暖、潮湿的东西。"

我用彭懿先生的一段话结束今天的交流：

人的一生能有几次邂逅图画书？

三次：童年，初为人父母，人生过半为了自己的时候。

经典图画书以震撼心灵的方式，

让孩子感知生命，解说父母无法生动言说的美好、挫折、灾难、离别和死亡……

孩子的成长，是一个看不见的却又是每天不断努力的过程，让我们每天和孩子一起走进图画书中，一起在绘本这个充满神奇魅力的世界里畅游。

科学活动应从幼儿兴趣出发

——读《幼儿园科学教育》有感

《幼儿园科学教育》是南师大张俊教授编写的，这本书介绍了幼儿园科学教育的理论和方法，有理论知识、课例分析，对我们有很好的指导作用，有点像我们上学用的教科书。《幼儿园科学教育》全面系统地论述了幼儿园科学教育的基本问题，儿童学习科学的特点，科学教育的目标、内容和方法，以及集体活动、区角活动、游戏、生活中的科学教育。

儿童学习科学的特点：

1. 是一种经验层次的科学知识，是直接的、具体的。

2. 是一个自我建构的过程，是一种处在不断发展、变化和完善过程中的认识。

3. 是对世界的独特的理解，是带有主观性色彩的，是不成熟的科学。

只有当我们了解了什么是儿童的科学，儿童科学的特点有哪些时，我们才能真正地站在儿童的角度，站在儿童的立场，从儿童的兴趣、需要出发，来对儿童进行科学教育。在儿童的科学教育中要让儿童通过直接的探究来获得丰富的知识经验，培养他们的科学兴趣和科学精神，而不是向他们进行科学知识的灌输。

皮亚杰有关儿童科学认识发展的研究

皮亚杰把儿童比喻成科学家，通过自己和周围世界的相互作用，自己建构关于客观世界的科学认识，随着儿童的生活经验的丰富，他会不断地将新的经验整合到已有的认知结构中，并促成原有认识的改变，这就是同化和顺应。

皮亚杰关注儿童科学认识发展的自发性，同时力倡让儿童通过主动的探究活动进行自主式的学习。反观我们在科学教育中还是以向孩子们灌输知识为主，这是值得我们深思的。

维果茨基有关儿童科学概念发展的研究

维果茨基丰富了皮亚杰的建构论观点，将认识过程从个体的建构扩展到社会的建构，即强调社会文化对儿童发展的影响，强调教育对儿童发展的促进作用，教师对儿童发展的影响。他提出了"最近发展区"概念，在教学中，这一问题实质上涉及的是教学与儿童发展之间的关系。

当代认知心理学有关儿童科学学习的研究

当代认知心理学认为，科学知识不可能简单地传递到儿童的头脑中，儿童科学知识的建构是一个复杂的过程。儿童不是简单被动地接受知识，而是主动地建构知识，它既关注儿童认知能力和学习经验的不足，同时关注教学在促进儿童概念转变方面的作用。教学既应该为儿童提供一种理解知识表征的空间，同时也要为儿童提供一种选择知识表征的机会。

学习了皮亚杰、维果茨基和当代认知心理学的一些理论观点，我对于我们幼儿园科学教育有了一点思考和感悟：我们教师要承认、理解和接受儿童已有的经验和认识，并以此作为教学的起点，不仅要了解儿童已有的日常经验，也要在教学中着眼于丰富儿童的经验，将科学教学的内容和儿童的生活经验结合起来，让儿童在真实的解决问题的情境中获取知识，还要把注意力放在如何让孩子获得经验上，也就是说，我们如何让孩子获得与外部世界相互作用的机会。所以幼儿园科学教育不是选择知识、灌输知识，而是提供机会，提供相互作用的机会。

幼儿园科学教育目标的制订依据有社会发展需要、儿童发展需要、自然科学的学科特点，有了这些依据，我想我们在制订幼儿园科学教育目标时就要充分考虑以下几点：

1. 幼儿科学教育不应让幼儿被动地接受知识，而是要激发幼儿的好奇心、认知兴趣和求知的欲望。

2. 教育目标应该充分强调让儿童通过自己的活动获得经验，获得发展，注重让每个儿童用自己的方法，在自己的水平上获得自己的经验，并针对不同的儿童提出不同的要求。

3. 不仅注重幼儿科学知识的获得，更要注重幼儿学科学的过程，以及在科学过程中学习科学的方法和技能，对科学的情感、态度。

《幼儿园教育指导纲要》中科学领域目标在强调科学情感和态度方面，最为重要的是强调了发展幼儿的好奇心、兴趣和求知欲。好奇心是学习科学的动机，是问题的来源。但是仅有好奇心对于幼儿发展技能和提升认识是远远不够的，要促进幼儿科学探究技能的发展，还需要成人的支持、鼓励和指导，激发他们的求知欲，引导幼儿更加系统地观察和研究，从而促进其探究。所以，保护和发展幼儿的好奇心、兴趣和求知欲是科学教育中极为重要的任务。

通过学习，我理解了幼儿园科学教育目标的制订依据，《幼儿园教育指导纲要》中科学教育目标的核心及内涵，这让我在制订科学活动的目标时有了依据和方向，不会再像以前一样目标制订得大而空，而是要根据《幼儿园教育指导纲要》结合本班幼儿的实际来制订具体的目标。

在我们《开心超市》的小组活动中，如果在以前我们可能会把目标定为：

1. 在认识人民币的基础上，能有计划地使用 8 元人民币。

2. 培养幼儿花钱的能力，激发幼儿热爱人民币的情感。

第二条目标就显得比较笼统，大而空，培养幼儿花钱的能力不是一次活动就可以完成的。现在我们制订的是体验自主购物的快乐，这样就更具体，更有针对性，而且具有可达成性。

幼儿园科学教育内容的要求：选择幼儿生活中熟悉的内容，引导其发现日常生活的科学；选择幼儿可以理解的内容，将难于理解的科学知识寓于简单的现象之中；选择幼儿直接探索的内容，让幼儿在力所能及的范围内做科学、学科学。老师要注重从当地的自然和社会资源中挖掘和选择有价值的教育内容，要灵活地用当地事物替换离幼儿较远或难以搜集的材料。根据当地季节变化的特点，恰当地编排教育内容，而不是固守统一的计划。

建构主义是皮亚杰理论中的一个重要观点，皮亚杰认为个体的认知是通过主体与客体相互作用的过程建构起来的，不仅是儿童，我们每个人都是以自己的认知结构和经验为基础，来建构对现实的认识。

如《田鼠太太的项链》这个活动，张老师给大家展示了这个活动，我把这个活动做了调整在我们班也开展了这个活动。当遇到用一条裤子换五个冰激凌和十袋薯条，还是用一条裤子换三袋大米时，当时大班的孩子选择换大米，因为他们认为冰激凌和薯条是垃圾食品，大米才是粮食，而我们中班的孩子选择冰激凌和薯条，原因是他们认为冰激凌和薯条的数量多，而大米只有三袋。这让我思考的是，因为中班幼儿还不具备三袋大米有多少的经验，仅仅是从数量上来理解多少，所以他们会和大班幼儿有不同的认识和理解。这正是幼儿以自己的认知结构和经验为基础，来建构对现实的认识的。

建构主义更关注如何以学习者原有的经验、心理结构和信念为基础来建构知识，强调学习的主动性、社会性和情境性。建构主义以其全新的知识观和学习观，成为当今幼儿科学教育"自主探究"教学方法的理论基础。

建构主义的学习观对幼儿科学教育的启示：

1. 学习是学习者主动建构知识的过程，而不是由教师把知识简单地传递给学生。

2. 学习是学习者通过与学习环境之间的互动，自己建构意义的过程。

3. 学习是学习者新旧认知结构、新旧知识经验相互作用的过程。

4. 学习者以自己的方式建构对事物的理解，因而世界上不存在唯一的标准的理解，但学习者的合作可以使理解更加丰富和全面。

建构主义学习观给我们提出的值得深思的问题：

1. 在幼儿园科学教育中，怎样让幼儿通过探索的过程获得知识？

2. 怎样让幼儿获得真正属于自己的科学知识？

3. 教师在幼儿的科学探究中扮演什么样的角色，应该怎样帮助幼儿学科学？

科学探究是幼儿学科学的核心。如中班科学活动《吹泡泡》，教师提供了吸管、钥匙、苍蝇拍、漏勺、刷子等活动材料，让幼儿探索能不能吹出泡泡。活动中孩子们通过对这些材料的猜想、尝试、操作，发现这些材料都能吹出泡泡，他们在探究的过程中获得了丰富的科学经验。在这个过程中他们不是被动地接受知识，而是主动地建构经验，他们通过自己的猜想、尝试，知道了这些材料能吹出泡泡，而且还知道了是因为这些材料都有孔才能吹出泡泡。这些经验比老师告诉他们的更加直接、生动、丰富，也更加有意义。

科学探究学习过程中的幼儿和教师：

1. 幼儿的科学探究学习应该是在教师指导下的以学习者为中心的教学，它既强调学习者的认知主体作用，又不忽视教师的主导作用。

2. 教师是幼儿意义建构的帮助者、促进者，而不是知识的灌输者。

3. 幼儿是学习和信息加工的主体，是意义的建构体，而不是被动的知识接受者。

幼儿自主探究科学教学的策略。将教师指导寓于幼儿自主的学习之中，教师要记住自己的"角色"：教师只是幼儿学习科学的助手，而幼儿才是科学学习的真正主人。

皮亚杰指出，只有儿童建构的知识，才是真正符合儿童年龄特点和他的知识结构相适应的知识，也是最牢固的、不会遗忘的知识。

将科学学习寓于过程性的探究之中。从建构主义观点看，幼儿学习科学是一个不断建构的过程，幼儿获得的任何一个学习结果都不可能是学习的终点，而只是其科学探索过程中的一个点。那么怎样让幼儿在过程中获得结果呢？

瑞吉欧教育的实践者倡导给幼儿一种"难以忘记的学习"，而不是"需要记忆的学习"。

如，我们带领幼儿去参观蔬菜大棚，回来后幼儿这样描述她的感受，"今天老师带我们去秋游，老师先带我们去参观蔬菜大棚。在大棚外面扒开草，我看到了藏在叶子下面的白萝卜，墙上还挂着大北瓜呢。老师把我们分成三个组进到大棚里，我们钻到黄瓜搭起的山洞里，非常好玩。我们仔细观察黄瓜，我找到了头上戴小黄花的瓜，它们真臭美，它身上的小刺刺还挺扎人呢。后来王老师又领着我们看了茄子和辣椒，茄子是紫色的，它的花也是紫色的，辣椒有红色的、绿色的，很好看。在白菜地里，晓彤乐得唱：'拔白菜、拔白菜……'在顺河公园一位叔叔还给我们照了相，小朋友把手举起来，一直举到觉着累了才放下来。回来的路上我还尝了韭菜和麦苗，韭菜很辣，麦苗不辣，像小草，今天真快乐！"

这些都是孩子在亲身探究以后所获得的体验、感受，是幼儿"难以忘记的学习"。

以上是我读了《幼儿园科学教育》这本书后的一些感悟和体会，通过读这本书，一些从前意识到的又比较模糊的理念，变得清晰、透彻了，给我的工作以理论上的指导，既丰富了我的理论知识，又提高了我的实践能力。

爱，是最好的教育

——读《解放儿童》有感

读了《解放儿童》这本书，感觉受益匪浅，这本书的作者是南师大的刘晓东老师。他认为："教育应当以人的天性为前提，顺应儿童的天性，应当选择符合儿童天性的内容并以适当方式传递给儿童，但成人社会有时会做出相反的抉择，这是教育压抑儿童天性的主要原因。在人与教育的互动中，应当改变的不是人的天性，而是教育自身。教育应当不断改变和调适自身，以使自身适合人的天性之表达和成长的需要。"

想想的确是这样，在我们的日常教学中，有许多教师对于调皮儿童的教育方式更多的是采用责骂，凭借自己的"威严"管理孩子。但想想，调皮的孩子也有他的优点，比如调皮的孩子有的很聪明、精力充沛、语言表达能力比较强等。要采取什么样的方式教育调皮孩子，才能够取得比较好的教育效果呢？

有时我们经常说："我们班那个'调皮鬼'，天天都挨批评，可他就是改不了。"如果持续给孩子一种相同的刺激，孩子在心理上很容易产生一种"不敏感"，到后来也就感觉不出那是一种刺激了。调皮儿童本身就经常受到教师的批评，如果教师每次批评的话都一成不变，他们就会当作耳旁风；如果教师批评的话换成另一种说法，或许能给他们一点新鲜的刺激，从而能收到意想不到的效果。

调皮儿童的逆反心理特别强，当他做错事时，如果教师只是一味地训斥和责骂，效果只能是适得其反。这就如做母亲的对着大哭的孩子歇斯底里地吼叫，只会让孩子越哭越大声一样。本来孩子要是做错了事，便知道会被教师责骂，这个时候，如果和他的"预期"结果相反，教师并没有责骂他，甚至只是保持沉默，不理睬他，孩子的心理反而会紧张起来。他自己会把犯错的地方重新再思考一遍，这样，给孩子一段时间冷静一下自己的头脑，过些时候再与他交谈。因为孩子已经检讨过自己的过失，所以就能坦然接受老师的意见。

爱是幼儿心理健康发展的重要条件。实践证明，被成人厌弃的幼儿，常自暴自弃，形成自卑或逆反心理。比如，有些调皮儿童，他们喜欢捣乱，活动时常打打闹闹，这往往是由于我们对他付出的爱及关注不够，他们中有的想通过捣乱、打架来引起老师的关注，获得老师的爱。因此，对于调皮儿童，教师更不应该吝啬自己的语言和表情，而要通过多种形式，向他们表示我们的爱。即使只是一个会心的微笑、一句关心的话语、几下亲切的抚摸，都会使他们感受到"老师还是爱我的，我应该听老师的话"。

尽管孩子年幼，但他们的自尊心很强，尤其是调皮儿童，教师更要坚持一分为二的观点看待他，尽量找出其闪光点以鼓励他们进步。

然而，对于调皮儿童的教育一刻也不能放松，因为他们具有一定的反复性，仅仅上面所提的几点方法是远远不够的，我们还必须在实践中总结出更多更好的教育策略，教育好调皮儿童。

让反思成为习惯

——读《聚焦幼儿园教育教学：反思与评价》有感

我学习了《聚焦幼儿园教育教学：反思与评价》一书，该书就幼儿园教学反思与评析这一话题，以"体现课程改革的整体性""体现教师课堂教学探索的丰富性""体现教学和教学研究的过程性""体现教学的知识、策略及技能的个性与共性"为目的，选取了三十几个真实案例，向我们展示了多个领域的活动组织过程的反思与评析。静下心来思考了自己日常教学活动的反思工作，怎样才能通过反思提高自己的教学行为呢？

一、反思记录自己在教学活动中的得与失

每次活动后，总有点成功的经验或者是失败的教训。不管得失成败，教师都应该记录在案，以便在往后的工作中考虑得更周到，操作更自如，不走弯路，少走弯路。组织教学活动可因教师一个有趣的开头而使课堂气氛空前活跃；可因教师的一个眼神、一个手势而令故事情趣大增；可因一种新的教法而获得意想不到的效果；或者因为讲得多做得多而使幼儿感到索然无味；也会因为一个环节的疏忽而开了小差走了弯路；还会因为幼儿提出的问题，教师一时难以回答，而令幼儿大失所望。教师课后都应记录下来，日后改进。

二、反思孩子在活动中的行为

这种反思是以幼儿的学习行为表现和学习效果为依据，在写这类教学反思的过程中，教师往往习惯于从个人角度思考，而不善于从孩子在活动过程中的学习方式和行为状态获得反馈信息，从而分析和思考自己的教学行为。老师应及时捕捉孩子的信息，解读孩子的学习方式，对活动中孩子的行为进行科学的分析、反思，从而调整自己的策略，才能有的放矢地对孩子进行引导。

三、反思教师的教学活动方式

教师在进行每次教学活动后都要分析自己的教学行为，剖析自己的教学状况，充分思考自己的教学方式对幼儿的发展到底起了什么作用。教师的情绪，教师的举手投足，教师对幼儿、对教材的理解以及对教法、学法、教具的运用直接作用于幼儿，影响课堂气氛和活动质量。因此教师要学会从自己身上找原因，学习批判地考察自己的教学行为及其情景，通过实践与反思的不断循环，逐步解决课堂教学环境的创设、应变能力，关注自己教学行为背后的思想、观念，提高教学技能，优化课堂效果，从而在不断的反思中获得进步。

总之，教学反思是我们提升和改正教学方式方法的一种尤为重要的手段，它需要我们本着强烈的责任感和事业心，擅于发现问题，主动解决问题，敢于创新探索，存在问题就整改，发现问题则深思，找到经验就升华。正因为教学反思具有别人不可替代的个性化特征，我们才有可能形成个性化的教学模式。教师只有在不断的教学反思中才能创造出更有质量的教学活动，才能真正促进和提升自己的专业水平。

第五篇　　追求本真，心向未来

　　追求幼儿教育的本真，让孩子享受愉快的学习之旅，培养其良好的学习品质，使其获得可持续发展的力量是我的教学宗旨。探索孩子喜欢的学习情景、学习方法、交流方式，创设宽松、自由、自然生态的生活与学习环境，让孩子们像科学家一样，带着好奇、惊喜、热情在各种活动中，积极主动地去体验、探索、发现、记录、表达、思考、创新……在教学实践中，我和孩子们共同体会成长的节奏，感受生命的蓬勃，一起奔赴美好未来。

健康活动：《有营养的蔬菜》

活动来源

午餐时，有几个孩子很挑食，多种蔬菜都不爱吃，只喜欢吃土豆、西红柿等很少的几样蔬菜，还有个别孩子只喜欢吃肉，基本上不吃菜。老师、家长经常讲要多吃蔬菜，但是幼儿进步不大，针对进餐时出现的这种情况，有必要对幼儿进行健康教育，纠正幼儿挑食、偏食的行为，教育幼儿多吃蔬菜有益于身体健康，要爱吃各种蔬菜，养成不挑食的良好饮食习惯。

活动目标

1. 初步了解各种蔬菜的不同食用部分与营养价值。

2. 懂得多吃蔬菜有益于身体健康，爱吃各种蔬菜。

活动准备

1. 布置蔬菜超市，准备胡萝卜、西红柿、油菜、花菜、黄瓜、生菜等各种蔬菜。

2. 小盘子、小篮子每组 1 个，分类篮子 4 个。

3. 相关 PPT。

活动过程

1. 蔬菜超市购物。

每个幼儿到蔬菜超市选一种蔬菜，请个别幼儿介绍自己选的蔬菜，并说出他们的名称、颜色、形状、吃法。

2. 了解蔬菜有不同的食用部分。

（1）出示 4 个小菜篮，分别是吃茎、叶的蔬菜，吃果实的蔬菜，吃根的蔬菜，还有吃花的蔬菜，现在请小朋友们按这四种食用部分给蔬菜分类，把你选的菜分类放好。

（2）检查分类情况。这个篮子的标签是茎、叶，我们看看这些蔬菜是不是吃它的茎、叶呢？

教师小结：芹菜、香菜等青菜是吃茎和叶的；西红柿、黄瓜等是吃果实的；萝卜、山药、红薯等是吃根的；黄花菜、菜花等是吃花的。

3. 欣赏 PPT，了解各种蔬菜的营养价值。

（1）介绍几种代表性的蔬菜都有丰富的营养。

（2）引导幼儿自由讨论：喜欢吃什么蔬菜，不喜欢吃什么蔬菜。

教师小结：菠菜里含有维生素，它能使我们的皮肤变光滑，预防口腔溃疡。西红柿里也有许多的营养，维生素 C 使我们的牙齿骨骼变得坚固，还能防止牙龈出血。蔬菜里面还含有大量的纤维素，可以帮助我们消化，防止大便干硬。

活动延伸

区域活动：蔬菜品尝会。

每组幼儿品尝一份凉拌菜，引导孩子们尝一尝平时自己不爱吃的菜，大家一起分享，不挑食。

活动反思

从开始引导幼儿自选蔬菜，讨论交流自己爱吃的蔬菜，到各种各样的蔬菜吸引了幼儿，尝试分类并纠错环节，孩子们初步了解了各种蔬菜的不同食用部分，但是这个内容对中班的孩子来说，有点抽象，吃花、吃根还能理解，对"茎""果实"还不太能理解。

动态的 PPT 课件深深地吸引了孩子们，孩子们了解了几种常见蔬菜对身体的好处，对蔬菜产生了很大的兴趣，望着筐里的蔬菜，都想吃。各个环节密切联系，层层递进，整个过程幼儿在玩中学，做中学，积极参与活动，实现了教学目标。孩子在活动中能感受到蔬菜对人体的好处，通过这次活动多数孩子都很喜欢吃蔬菜了，仅靠这些活动是不够的，还需要平时家长和老师的鼓励和督促，让孩子真正做到不挑食，喜欢吃多种蔬菜。

综合活动：《蔬菜品尝会》

活动来源

现在我们正在开展《蔬菜总动员》的园本主题活动，蔬菜种类丰富，色彩斑斓、形态各异、味道鲜美、营养丰富，是幼儿健康成长的重要物质来源。但是我班有的孩子只喜欢吃肉，不喜欢吃蔬菜，有的孩子喜欢吃部分蔬菜。针对这种现象，我设计了这个别开生面的"蔬菜品尝会"活动。

活动目标

1. 了解蔬菜的多样性，品尝蔬菜的多种味道。

2. 能够介绍自己所带的蔬菜的制作过程。

3. 体验分享蔬菜的快乐。

活动准备

经验准备：

在家中和家长共同做一道菜，并知道做菜的材料和方法。

材料准备：

1. 每人从家中自带一份和家长一起做的拿手菜。

2. 餐盘、勺子每人一套。

活动过程

1. 请幼儿把自己带来的蔬菜摆放在餐盘内。

2. 幼儿观察大家都带来了哪些蔬菜，看一看、猜一猜、说一说是怎么做的（炒、炸、凉拌等），并猜一猜蔬菜的味道。

3. 请幼儿介绍自己带来的什么菜，是怎么做的，用了哪些佐料。

4. 幼儿互相品尝大家带来的蔬菜，品尝蔬菜的多种味道。

5. 幼儿说一说品尝了哪些蔬菜，是什么味道的，相同的蔬菜为什么不同的人做出来的味道不一样？体验分享的快乐。

活动反思

这次活动为锻炼孩子们的动手能力提供了机会，做菜的过程都是由孩子和家长一起来完成。家长负责带着孩子一起去菜市场，孩子们自己想好自己要买的蔬菜，进行选购，回到家之后帮助家人择菜、洗菜，搭配好，家长做菜时就在旁边看着，了解做菜的方法、步骤及所需要的佐料。还有些凉拌的蔬菜，几乎是孩子在家长的指导下自己完成的。

有了前期的经验准备，孩子们在活动中兴致非常高，大多数孩子都能完整地介绍菜的做法。尤其是泊汐小朋友，非常详尽地介绍了从买菜到摘菜、洗菜、切菜、做菜的全过程，其他孩子听了都想赶快尝一尝她的菜。本次活动，孩子们在做一做、看一看、闻一闻、说一说、尝一尝的过程中，经历了愉悦的主动学习的过程，他们兴奋地发现蔬菜原来是如此的丰富多彩，味道如此的令人着迷。相信通过这次活动，幼儿对蔬菜的营养价值有了正确的认识，从而激发了幼儿爱吃蔬菜的情感，形成良好的饮食习惯。但是在活动中也出现了少数孩子不能完整描述做菜的情况，通过询问，我发现主要原因是家长嫌孩子碍事，没有让孩子参与做菜的过程，只是家长做好后让孩子带到园里和大家分享。孩子因缺乏观察与经验而不会表达，这就需要我们及时和家长沟通，提醒家长多给孩子锻炼的机会，促进孩子更好地成长。

语言活动：《一园青菜成了精》

活动来源

本书是周翔结合我国北方的民间童谣编写的，书中描写了蔬菜的打斗场面，很是热闹，在打斗中蔬菜的形态特征夸张，书中的语言根据童谣改编，既诙谐有趣又非常押韵。四五岁的孩子对同伴间的交往产生兴趣，尤其是男孩更喜欢用所谓的"刀枪棍棒"玩打斗的游戏，所以这个故事情节会更加吸引幼儿。另外幽默诙谐、押韵的语言有利于幼儿加深对蔬菜的认识，有助于用语言表达蔬菜的特征，所以由此设计了本次语言活动。

活动目标

1. 仔细观察欣赏画面，会用语言描述出蔬菜的主要特征。

2. 理解童谣内容，感受童谣幽默、有趣的语言特点。

活动准备

PPT 课件、背景音乐。

活动过程

1. 观察封面，激发阅读兴趣。

这是什么地方？菜园子里都有哪些青菜？猜一猜它们会发生什么事情？

2. 把整本书先分部分再逐页阅读，让幼儿初步了解书中的主要内容。

（1）引导幼儿观察第 1—2 页画面。

老爷爷几天没来，青菜们成了精，看看青菜们是怎么出场的？

（2）幼儿观察青菜出场准备斗争的画面，阅读 3—6 页。

提问：我们一起来看看它们到底在干什么？谁是大王？谁是娘娘？从哪里看出来的？豆芽菜跪倒来报信，报的什么信儿？青菜们分了两个阵营，每个队伍里都有谁？

（3）教师带领幼儿总体观看7—12页故事的高潮，两队之间发生斗争的场面，师幼一起逐页阅读。

提问：它们使出了哪些绝技？

第一回合：小葱大战茄子，观察画面感受其中的幽默；第二回合：韭菜和黄瓜作战，谁赢了？最后结果如何？谁的出场让胡萝卜将军反败为胜？

歪嘴葫芦出场，它打败了哪些青菜？这些青菜被打成什么样子了？它们的首领——藕王，怎么样了？

试用书中的童谣语言说出蔬菜的特征。

（4）阅读故事的结局，菜园子最后又恢复了平静，可是和刚开始一样吗？对比观察画面。

3. 请幼儿完整欣赏童谣，感受童谣的幽默有趣，引导幼儿说说这个童谣中哪里是最有趣的。

4. 阅读封底，发现许多小动物，启发幼儿想象它们之间又会发生怎样有趣的事呢？

活动反思

《一园青菜成了精》这本书语言幽默风趣、蔬菜形象热闹，所以很受幼儿喜欢。由于童谣篇幅较大、语句较长的特点，中班幼儿的语言发展水平还不能把整本书复述下来，所以设计活动时根据我班幼儿听、说、读的能力设定了适合中班幼儿的活动目标。活动中引导幼儿感受童谣的诙谐有趣，观察画面只对歪嘴葫芦出场后的六种蔬菜用书中语言复述，活动中幼儿对蔬菜打斗的描述和夸张形态笑声连连，有的孩子还比画着打斗动作跃跃欲试。

通过设计和组织这个活动，有三点收获：一是教师要善于发现、选择优秀的图书作品给幼儿阅读。二是设计活动时要分析幼儿已有经验，从幼儿最近发展区出发。三是在绘本活动中要注重幼儿阅读方法和能力的发展。

语言活动：《家乡物产丰》

活动来源

我县地处城乡接合处，水果、蔬菜、小吃等物产丰富，在进行园本主题活动《家乡美》时，我们选择幼儿熟悉的、具有代表性的特产编成优美、上口的儿歌，目的在于通过学习儿歌，让幼儿能够有感情地朗诵儿歌，感受儿歌的押韵和有趣，知道家乡的多种物产，产生热爱家乡的情感。

活动目标

1. 理解儿歌内容，感受儿歌押韵和有趣。

2. 知道家乡的多种物产，学说有感情的儿歌。

活动准备

1. 幼儿已有关于家乡特长的经验。

2. 儿歌中相关物产的图片。

活动过程

1. 谈话导入活动。

请幼儿回忆已有经验，说一说知道的家乡物产有哪些。

2. 出示物产的图片，请幼儿说一说认识哪些？吃过哪些？是哪里产的？

3. 请幼儿根据蔬菜、水果、小吃等特征给这些物产图片分类。

4. 教师朗诵儿歌，请幼儿欣赏。

导语：老师把这些好吃的特产编成了一首好听的儿歌，请你们来听一听。

5. 引导幼儿边看图片边学习用儿歌中的语言来说。

导语：儿歌中说了哪些好吃的，是怎么说的？（引导幼儿边看图片边用儿歌中的语言说出来）

6. 请幼儿用多种形式学说儿歌。

（1）幼儿可以边看图片边说儿歌。

（2）请幼儿分组说儿歌，或者一部分幼儿说蔬菜，一部分幼儿说水果，一部分幼儿说小吃。

（3）请幼儿用比赛的形式说儿歌。

7. 请幼儿说一说除了儿歌中的这些特产，我们的家乡还有哪些特产，引发幼儿热爱自己的家乡，为自己的家乡感到骄傲。

活动延伸

1. 请幼儿把儿歌中的内容画下来，做成小书放到阅读区供大家阅读。

2. 幼儿把儿歌背给家长听，请家长和幼儿一起仿编儿歌。

《家乡物产丰》

我的家乡是莘县，美丽富饶多物产。

蔬菜丰富瓜果鲜，小吃美食有渊源。

蔬菜品种真齐全，双孢菇之乡是莘县，

茄子、柿子和豆角，黄瓜、西葫和大蒜，

全国各地都来选，人人伸手来夸赞！

河店香瓜赛蜜甜，董杜庄西瓜大又圆。

樱桃番茄好口感，酥枣养血又补肝。

燕店烧鸽获金奖，外酥里嫩美名扬。

康园肉饼脆又香，古城肉饼叫鸳鸯。

八批果子色金黄，朝城水饺千里香。

欢迎您到莘县来，美食和您来分享！

活动反思

幼儿期是语言发展，特别是口语发展的重要时期。本次活动我借助丰富的家乡物产，给幼儿创造了一个想说、敢说、喜欢说的环境，让幼儿通过学习儿歌，感受儿歌的韵律和节奏。儿歌《家乡物产丰》内容丰富、节奏明快，读起来朗朗上口。活动中我首先让幼儿说一说自己知道的、喜欢的家乡的物产，然后利用图片引导幼儿学习儿歌，并通过多种形式让幼儿有感情地朗诵儿歌。因儿歌中的特产都是幼儿所熟悉的，易于幼儿理解和接受，所以整个活动孩子们兴趣浓厚，积极投入，很快就学会了儿歌，并进一步了解了家乡物产的丰富性，产生了为家乡自豪的情感。但是活动中也存在一些不足之处：分类的图片准备得太少了，不能让每个孩子都有操作的机会。还有就是如果能准备这些特产的实物，让幼儿进行品尝，孩子们的兴趣应该更浓，记忆也会更加深刻，这都是我在今后的活动中需要调整改进的地方。

语言活动：《快板〈莘县美〉》

活动来源

我们的家乡环境优美，文化底蕴深厚，土地物产丰富，有许多大自然赐予我们的宝藏。现在我们的莘县正以飞快的速度在变化着，但孩子们是否也发现了家乡的改变呢？对于家乡的资源、人文环境又能了解多少呢？我想通过这个活动，让孩子们用自己的眼睛来发现莘县的美丽，通过用快板这样一个新的表现形式，对莘县的历史、名胜古迹有一个新的认识，从而激发孩子们热爱家乡的情感。

活动目标

1. 了解山东快板说唱的艺术形式，初步学习竹板的使用方法。

2. 能有节奏地表演快板《莘县美》，表达对家乡的热爱之情。

活动准备

快板若干，莘县名胜古迹（燕塔、顺河边雕塑、桥、亭子、马西林场、水库、植物园等）图片，快板视频《夸山东》。

活动过程

1. 播放快板视频《夸山东》，请幼儿感受山东快板的独特韵律美。

视频中的叔叔是怎么表演的？说的和我们的普通话一样吗？"小朋友，这种打着快板用山东话说场表演节目的形式就叫作山东快书。"

2. 与幼儿谈话，引出儿歌《莘县美》。

提问：我们的家乡莘县有哪些美丽的风光？

教师带幼儿一起欣赏名胜图片。

如果请你来夸夸家乡，你想怎样说？

3. 幼儿欣赏快板表演，理解内容，并尝试学说。

（1）教师完整朗诵，幼儿倾听，感受其艺术特点。引导幼儿讨论：这首儿歌和我们平时说的儿歌有什么不一样？

（2）幼儿学习朗诵快板，理解内容，教师使用竹板打节奏进行伴奏。老师先拍手打节奏，幼儿用说的方式说一遍，老师再用快板打节奏，幼儿一起朗诵。

4. 简单了解竹板的相关知识，初步学习快板的使用方法。

（1）引导幼儿观察竹板，了解快板的外形特征，并尝试使用快板。

（2）教师讲解打竹板的要领：大拇哥，钻中间，小小手，夹住板，往上抬，打起来。

（3）教师和幼儿一起打快板。

幼儿打快板的节奏、速度和教师保持一致，从中感受快板的基本韵律。

5. 快板表演《莘县美》，在说唱中体验对家乡的喜爱之情。

（1）教师再次强调打快板的要领。

（2）幼儿尝试带动作和表情表演快板儿歌，互相欣赏。

幼儿打快板时，教师适时给予指导、鼓励。

6. 教师总结。

鼓励幼儿回家继续练习打快板，激发幼儿对民间曲艺的兴趣。

附：快板《莘县美》

竹板这么一打呀，

别的咱不夸，

我来夸一夸，

咱莘县的风景美如画。

十三层的大燕塔，

高高耸立入云霄！

顺河边上雕塑、亭子，还有桥，

那是数不清！

马西大林场和那南环大水库，

就是那天然的氧吧，

植物园里有什么？

稀奇多着呐！

快来这里逛一逛，

看我们美丽的大莘县，

我的家，我的家！

活动反思

快板对孩子们来说是一件很有趣但不常见的东西，所以孩子们对这种活动非常感兴趣。导入部分中孩子们对打竹板说儿歌的形式感到很新颖，直接用山东快板的形式来组织孩子，孩子们很快就进入了角色，对快板产生了浓厚的兴趣。对中班的孩子来说，能协调一致地打竹板是有难度的。所以在学习竹板的使用方法时让孩子自由尝试，并互相模仿。在孩子掌握一定经验的基础上，教师再对打竹板的技巧进行正确示范和指导，这样，既尊重了孩子在活动中的自主性，又让孩子掌握了正确的打竹板的方法。在活动中教师有一段简短的快板示范，而且在活动中，让孩子学会打竹板是重点和难点，练习的时间比较长，我鼓励幼儿打着竹板把儿歌用说快板的形式表现出来，孩子们很感兴趣。在表演快板时加入合适的动作，需要孩子们左右手的配合，这对孩子们来说有难度，但有一部分孩子还是做到了，效果不错！但我给孩子提供的快板有大有小，有长有短，孩子使用起来不是很方便。打竹板是需要不断练习才能掌握其中技巧的，所以在以后的表演区域活动中，我将给孩子投放足够的快板，给孩子们提供充分的练习和表演的机会，以巩固孩子们打竹板的技能。

科学活动：《甜甜的糖稀》

活动来源

糖稀是生活中较为常见的一种小吃，是浅黄色黏稠透明液体，形状可以任意变换，既可以边玩边吃，也可以做出糖葫芦、糖画、各种拔丝菜品等美味，好吃又好玩，深受孩子们喜爱。我班孩子年龄小，有一少部分孩子吃过糖稀，但是基本不了解糖稀的特征，于是我们开展《娃娃乐》园本主题活动，借此机会我设计了科学活动《甜甜的糖稀》，旨在让幼儿愿意参与探究糖稀的活动，了解糖稀的形状、颜色、味道等特征，简单了解糖稀的制作方法。

活动目标

1. 了解糖稀的形状、颜色、味道等特征，简单了解糖稀的制作方法。

2. 愿意参与探究糖稀的活动，并能表达自己的发现与感受。

活动准备

1. 魔术箱、糖稀、一次性筷子、制作糖稀的视频。

2. 糖画、糖葫芦等糖稀的作品课件。

活动过程

1. 魔术导入，引出糖稀，激发幼儿兴趣。

出示魔术箱，请幼儿猜猜里面有什么，引出糖稀。

2. 认识糖稀，了解糖稀的颜色、形状等特征。

每人一份糖稀，请幼儿看一看、闻一闻，观察、讨论糖稀的颜色、形状和味道。

3. 观看民间工艺制作糖稀的视频，初步了解糖稀的制作方法。

4. 搅糖稀，观察糖稀的颜色、形状的变化。

每名幼儿取适量的糖稀用筷子搅一搅、绕一绕，观察糖稀的颜色、形状的变化。

教师总结：糖稀是不规则物体，可以变成任意形状，绕的时间长了糖稀的颜色会慢慢发白。

5. 品尝糖稀，了解糖稀的味道。

请幼儿品尝糖稀，并说说糖稀的味道是什么样的，吃在嘴里是什么感觉。

6. 欣赏糖画、糖葫芦等糖稀作品的 PPT。了解糖稀的用途，丰富幼儿经验。

出示 PPT，请幼儿欣赏糖稀制作的作品，简单了解糖稀的用途。

活动延伸

去燕塔、顺河公园等地欣赏更多的糖画作品和制作过程，加深对糖稀的了解。

观看视频，简单了解糖稀的制作方法。

活动反思

活动开始，我用变魔术的形式导入，立刻引起了孩子们浓厚的兴趣。他们纷纷说起了自己在哪里吃过糖稀，但是当我让孩子们说说糖稀是什么颜色、什么味道的时候，他们大多都说是甜甜的，颜色记不清了，可见小班的孩子对糖稀的认识还仅仅停留在味道上。于是我给每个孩子准备了一份糖稀，请他们看一看、闻一闻，观察糖稀的颜色、形状和味道，让他们对糖稀的特征有了更为清晰的了解和认识，知道糖稀的颜色是淡黄色的，还有点棕色，透明的、黏黏的，闻起来香香的。在观看视频的过程中，孩子们初步知道了糖稀是用麦芽糖制作的，并简单了解了糖稀的制作过程。接下来我让孩子们亲自尝试搅糖稀、品糖稀，进一步了解糖稀的特征。一开始大多数孩子不会搅，经过我的示范和孩子们的练习，他们不但学会了搅糖稀，而且对此产生了浓厚的兴趣。在这一环节中，孩子们知道了糖稀是不规则的物体，可以变成任意形状，而且在搅的过程中糖稀的颜色也由浅黄色或者棕色变得发白，还可以拉出细细长长的丝，吃到嘴里甜甜的、黏黏的。随后孩子们通过 PPT 了解了糖画、糖葫芦、拔丝地瓜等很多好吃的产品都是糖稀做的，对糖稀的用途有了更深的了解。整个活动中孩子们兴趣浓厚、积极投入，他们在观察、实验、操作中了解糖稀的形状、颜色、味道等特征和糖稀的制作方法，在与同伴的交流中积极表达自己的发现和感受，体验到探究糖稀的快乐，并且探究能力也获得了提高。

科学活动：《有趣的影子》

活动来源

影子是孩子比较熟悉的，贴近他们生活的，但是在平时生活中没有引导，他们往往不会主动去关注。通过玩踩影子的游戏发现，他们对影子的活动是非常感兴趣的。如果给他们创设环境，提供机会，孩子会获得什么样的经验？这是我期待看到的。现在我们正在开展《寻找小秘密》主题活动，所以我们开展了这个活动。

活动目标

1. 知道影子的变化与光和物体的位置有关，在探索实验中获得对影子变化的经验。

2. 体验影子游戏的乐趣。

活动准备

手电筒、玩具若干。

活动过程

1. 教师玩手影游戏引起幼儿兴趣。幼儿根据已有经验说一说在哪里还见过哪些东西的影子。

2. 通过实验让幼儿了解影子的产生。

提问：影子什么时候会出现？为什么影子都是黑乎乎的？

（1）用手电筒将光投到墙上，问幼儿墙上有影子吗？

（2）用玩具挡住光线，问幼儿现在墙上有影子吗？为什么？（玩具挡住了光线，所以出现了影子）

（3）关掉手电筒，问幼儿现在墙上有影子吗？为什么？（没有光，有物体，也不会产生影子）

物体出现在光线前面，挡住了光线的前进，光透不过去，它的后面就会出现自己黑乎乎的影子。

　　小结：影子的产生有两个条件，一要有光，二要有不透光的物体。光照在不透光的物体上，就会出现影子。

　　3. 自由探索，引导幼儿发现影子的变化与光和物体位置的关系。

　　（1）幼儿每人一个手电筒、一个玩具，玩影子游戏，通过操作实验来寻找影子的变化与光和物体位置的关系，进一步理解影子变化的特点。

　　（2）幼儿说一说自己的发现，并演示给大家看。

　　小结：影子的变化，随着与光和物体位置的变化而变化。

活动延伸

户外游戏：踩影子

　　1. 幼儿在阳光下自由活动，观察自己的影子，找出规律：人动，影子动；人停，影子停；影子跟着人。

　　2. 教师在阳光下跑，让幼儿踩教师的影子。教师可变换方向，站起或蹲下，引导幼儿注意影子的变化，控制幼儿的活动量，也可以幼儿之间相互踩影子。

活动反思

　　一开始设计活动时，感到孩子对影子的产生条件应该是很容易理解的，没想到在活动的过程中发现，孩子对这点理解起来非常困难。其原因一是大屏幕的颜色是蓝色的，幼儿受到影响，总是把光说成大屏幕，经过老师的反复引导才明白是大屏幕发出的光。二是物体挡住了光才出现影子，也是经过老师的引导幼儿才理解的，在这个环节中为了让幼儿理解，我用了过多的语言和时间，致使整个活动用了30多分钟才完成。如果这个环节让孩子自己来探索，可能孩子更容易理解，而且是通过自己的探索得到的经验。在自由探索的环节中，孩子们兴趣非常浓厚，大多数孩子都积极地探索，而且他们探索出了有关影的很多秘密，如：光远时影子就长，光近时影子就短，物体大时影子大，物体小时影子小；光源的方向不一样，影子的方向也不一样；光在物体的正上方紧挨着物体时影子就藏到物体下面去了，当光离物体远一些时，影子又大了，等等，通过这一环节孩子发现了影子的变化与光和物体位置的关系。通过活动我感到只要我们给孩子提供合适的材料和给予适当的引导，孩子们就会通过自己的探索获得我们意想不到的收获。所以在科学活动中一定要让幼儿亲自去操作、去尝试、去探索，把知识转化为幼儿的行动，通过多感官的体验来获得自己的经验。

科学活动：《多样的蘑菇》

活动来源

生活是幼儿园课程的来源，在平时的生活中，我们发现很多孩子不喜欢吃蘑菇。每次吃蘑菇的时候，很多孩子都把蘑菇挑出去，或者剩下。借助我们正在开展的园本主题活动《蔬菜王国》，我设计了科学活动《多样的蘑菇》，旨在让幼儿通过活动认识常见蘑菇的名称、外形特征，知道蘑菇可以做出多种美味的菜肴，并喜欢上吃蘑菇。

活动目标

1. 认识几种常见蘑菇的名称、外形特征，了解蘑菇的多样性。

2. 知道蘑菇可以做出多种美味的菜肴，喜欢吃蘑菇。

3. 初步了解蘑菇的生长环境，知道有些蘑菇是有毒的，不能吃。

活动准备

1. 金针菇、平菇、双孢菇等几种常见蘑菇的实物（创设蘑菇展览会的情境），不同蘑菇的图片（PPT）。

2. 蘑菇做出的菜肴实物或图片。

3. 蘑菇生长环境的视频，毒蘑菇图片。

活动过程

1. 幼儿参观蘑菇展览会，观察常见蘑菇的实物，了解它们的外形特征。

请幼儿说一说这些蘑菇的名字，及它们的相同之处与不同之处。

2. 出示 PPT，引导幼儿了解蘑菇的多样性。

请幼儿说一说除了看到的这些蘑菇，还见过哪些蘑菇，长得什么样？出示 PPT，引导幼儿了解蘑菇的多样性。

3. 请幼儿说一说自己吃过哪种蘑菇，是怎么做的？

出示蘑菇做的菜肴实物或图片，请幼儿观察是用哪种蘑菇做的？幼儿品尝几种菜的味道，说一说自己最喜欢吃哪种蘑菇。

4. 播放蘑菇生长的视频，初步了解蘑菇的生长环境。

5. 播放毒蘑菇的PPT，帮助幼儿认识有毒的蘑菇不能吃。

活动延伸

1. 请厨房阿姨做几道蘑菇菜肴，中午请幼儿品尝。或者回家做有关蘑菇的菜。

2. 根据需要去蘑菇大棚参观，进一步了解蘑菇的生长环境及其特征。

活动反思

幼儿的科学活动应始于经验，经由经验，最终落到经验上，而经验的习得是与具体事物和现象联系在一起的，是通过操作获得的。在本次活动中，我给幼儿准备了常见的蘑菇的实物，让他们通过看一看、摸一摸、闻一闻等方法了解它们的外形特征，及它们的相同之处与不同之处，对蘑菇有了初步的认识。然后通过观察用蘑菇制作的各种美味的菜肴的图片，引导幼儿回忆自己吃过哪些蘑菇，味道是什么样的，看到这些色香味美的菜肴图片，他们纷纷发出了"蘑菇真好吃呀！""我闻到蘑菇的香味了！""好想吃一口啊！""我的口水都流出来了！"等感叹。蘑菇成长的小视频让幼儿对蘑菇的生长环境和生长过程有了一个初步的了解，整个活动过程中幼儿都处于积极探究的过程中，很好地达成了活动目标。但是也出现了不足之处，就是在让幼儿了解蘑菇可以做出很多美味菜肴的环节，本来想让部分幼儿和家长自选一种蘑菇做一道菜，带来和同伴分享，但是由于孩子们都在园吃饭，时间不好安排，这个环节就改成了观察图片来进行。虽然效果还不错，但如果是真实的菜肴，孩子的兴趣应该更浓厚，获得的经验也会更加丰富。以后的活动中我会尽力和家长沟通，提前做好准备，尽量为幼儿创造更多获得直接经验的机会。

科学活动：《瓜儿甜甜》

活动来源

《3—6岁儿童学习与发展指南》指出，4—5岁幼儿"能感知和发现常见几何图形的基本特征，并能进行分类"。作为老师，我们要用多种方法帮助幼儿在物体与几何形体之间建立联系，如引导幼儿感受生活中各种物品的形状特征，并尝试识别和描述（如感受和识别盘子、桌子、车轮、地砖等物品的形状特征）。现在我们开展《家乡美》园本主题活动，正是我们莘县的特产西瓜、香瓜、甜瓜成熟的季节，而这些瓜的形状多是圆形和椭圆形，借此机会我设计了科学活动《瓜儿甜甜》，旨在通过活动让幼儿认识并感知椭圆形的基本特征，能正确区分椭圆形和圆形。

活动目标

1. 认识并感知椭圆形的基本特征，能正确区分椭圆形和圆形。

2. 能寻找、发现与椭圆形相似的物体，并用语言讲述自己的想法。

活动准备

1. 物质准备

（1）课件，两个同样大小的圆形；图形卡片若干；椭圆形的香瓜、西瓜、甜瓜若干；椭圆形的盘子、相框、钟表等。

（2）圆形、椭圆形卡片幼儿人手各1张；圆形和椭圆形香瓜、西瓜、甜瓜图片。

2. 经验准备

幼儿认识圆形，知道圆形的基本特征，能说香瓜、西瓜、甜瓜的名称。

活动过程

1. 区分圆形和椭圆形。

（1）播放课件，请幼儿观察，并提问："这两个图形宝宝是谁？它们一样大吗？"

（2）教师将右侧的圆形拉扁，引导幼儿观察圆形变成椭圆形。

导语："有一个圆形宝宝想给你们变个魔术。瞧，变、变、变！咦，圆形宝宝变成什么样子了？"鼓励幼儿用自己的语言表述。

小结：告诉你们一个秘密，这个扁扁的图形叫椭圆形。

（3）请幼儿对比圆形和椭圆形的特征。

导语："现在请你们每个人拿一个圆形和椭圆形的卡片仔细地比一比，说说它们有什么相同和不同的地方。"

鼓励幼儿用自己的语言描述两种图形的异同，帮助幼儿正确区分圆形和椭圆形。

2. 出示图形卡片，请幼儿找出其中的椭圆形，巩固对其基本特征的认识。

导语："又有图形来做客了，请你看一看，找一找它们中有椭圆形吗？说一说你是怎么知道的。"

引导幼儿观察图形卡片，鼓励幼儿用语言描述椭圆形的特征，巩固对其基本特征的认识。

3. 寻找教室中与椭圆形相似的物体。

导语："我们教室里还有哪些东西像椭圆形呢？请你们找一找，说一说它们哪里像椭圆形。"

引导幼儿观察教室中的西瓜、香瓜、甜瓜、钟表等物品，并鼓励幼儿说一说自己在生活中看到的像椭圆形的东西还有哪些。

4. 甜甜瓜儿送回家。

（1）出示圆形及椭圆形西瓜、香瓜、甜瓜图片，请幼儿把它们分类送回相应的位置。

（2）引导幼儿集体验证。请个别幼儿展示自己的操作结果，并说一说自己的理由，其他幼儿观察、倾听，如果有错误，共同讨论并修改。

活动反思

椭圆形是幼儿生活中常见但是不太引起幼儿关注的图形，《指南》建议我们用多种方法帮助幼儿在物体与几何形体之间建立联系，如引导幼儿感受生活中各种物品的形状特征，并尝试识别和描述。我借助西瓜、香瓜、甜瓜的形状开展了本次活动。首先通过变魔术的形式吸引幼儿对活动的注意力，让幼儿通过直接观察发现圆形拉扁之后变成了新的图形，这种扁扁的图形叫椭圆形；然后请幼儿操作，把圆形和椭圆形重叠，比较发现圆形与椭圆形的相同点和不同点，进一步了解椭圆形只有一条边、没有角、形状是扁扁的基本特征；最后通过寻找生活中的椭圆形和送图形回家的游戏巩固了幼儿对椭圆形的认识。整个活动孩子们都能够积极投入，在对比圆形和椭圆形的环节都非常仔细认真，很快发现了它们之间的异同，并能够用自己的语言大胆表述，在分类环节也能够迅速地找出椭圆形，说明孩子们都掌握了椭圆形的特征，很好地达成了活动目标。但是也有一些不足之处，如准备的西瓜、甜瓜、香瓜的实物太少了，幼儿不能很好地进行观察对比，在以后的活动中我会进行调整改进，给幼儿提供更多的操作机会。

科学活动：《顺河上的桥》

活动来源

徒骇河是我们的母亲河，近几年来，县委、县政府对徒骇河进行了开发改建，建成了风光旖旎、景色秀丽的顺河公园，成为人们观光游玩的好去处。在修建徒骇河的同时，也在河上修建了不少各具特色的桥，方便人们通行和参观游玩。现在我们正在开展园本主题活动《家乡美》，借助这一主题我设计了科学活动《顺河上的桥》，旨在通过活动让孩子知道顺河上的桥的名称、样式、材质、种类等不同特征，了解桥的作用，体验桥给人们生活带来的方便。通过对不同桥的特征进行观察比较，发现其相同与不同，激发幼儿的探究兴趣，提高幼儿的探究能力。

活动目标

1. 知道顺河上的桥的名称、样式、材质、种类等不同特征。

2. 了解桥的作用，体验桥给人们生活带来的方便。

活动准备

1. 顺河桥的图片。

2. 活动前请家长带幼儿去顺河观察、了解顺河上有哪些桥，调查桥的名称、由来、材质等，丰富幼儿经验。

3. 各种桥的图片：独木桥、木桥、铁索桥、拱桥、钢架桥、斜拉桥等。

活动过程

1. 谈话导入活动。

请幼儿说一说自己在顺河上见过哪些桥，叫什么名字，什么样子的，用什么材料做的。教师根据幼儿的介绍出示相应的图片。

2. 认识顺河上的桥的不同特征。

（1）出示具有典型特征的桥的图片，请幼儿一起认识桥的名称。

（2）请幼儿说一说这些桥有什么不同：桥的样式，桥洞的形状、大小、数量等。

（3）请幼儿根据已有经验说一说这些桥是用什么材料建成的，教师介绍桥的材质。

3. 引导幼儿了解桥的作用。

请幼儿思考并讨论：这些桥的作用是什么？

4. 请幼儿根据桥的不同作用给桥分类。

5. 出示独木桥、木桥、铁索桥、拱桥、钢架桥、斜拉桥等各种桥的图片，引导幼儿了解更多的桥的不同特征，丰富幼儿认知。

活动延伸

1. 建构区搭建多样的桥。

2. 带幼儿去顺河实地参观桥，感受桥的不同和作用。

活动反思

《顺河上的桥》是一节科学活动，主要目标是让孩子们了解自己家乡的桥的不同特征和用途，激发孩子的探究兴趣，提高孩子的探究能力，发展孩子的观察比较能力，同时培养幼儿作为莘县人的自豪感。活动开始我请孩子们先说一说顺河上有哪些桥是自己见过或者去过的，孩子们都非常兴奋，纷纷介绍自己的所见所闻；接着我利用 PPT 帮助孩子们进一步观察、对比这些桥的名称及不同样式、材质、种类等，让孩子们对这些桥有了更加深入细致的了解；给桥分类的环节让幼儿对桥的不同作用更加清晰明了；最后的环节是让幼儿认识独木桥、木桥、铁索桥、拱桥、钢架桥、斜拉桥等更多的桥的不同特征，拓展幼儿的经验，整个活动孩子们积极投入，很好地达成了教学目标。活动的不足之处有几点，首先，虽然活动前我做了很多调查，搜了很多资料，但是依然有的桥的名字我也不知道，以至于不能很好地给孩子们做介绍，这需要我在以后的工作中加以改进。其次，在用 PPT 介绍桥的时候虽然是按照桥的不同作用出示的，但是由于考虑得不够细致还是有些乱，如果出示图片的时候更条理一些，或者按照河的方向从东向西或从西向东来介绍，效果会更好。

科学活动：《燕塔新村》

活动来源

《3—6 岁儿童学习与发展指南》中的目标要求 4—5 岁的幼儿要 "会用数词描述事物的排列顺序和位置"。作为教师我们要引导幼儿关注周围与自己生活密切相关的数的信息，感知和体会生活中很多地方都用到数。在开展《家乡美》的园本主题活动中，我借助刚刚建成的燕塔新村来开展数学活动，主要目标是，让幼儿能从不同方向确认物体排列的次序和相互间的位置关系，理解 10 以内的序数。

活动目标

1. 能从不同方向确认物体排列的次序和相互间的位置关系，理解 10 以内的序数。

2. 知道数字能表示物体排列的顺序和位置，并能用数字正确表示物体的次序。

活动准备

《燕塔新村》课件、幼儿材料每人一套：10 层高，每层 1 户的楼房，动物卡片每人一个，1—10 数字两套。

活动过程

1. 创设情境，导入活动。

"燕塔新村建好了，小动物们都想搬进新家里，但是它们还没拿到钥匙，钥匙在一个房间了，请帮它们一起找找吧。"

2. 结合课件，通过给新房子找钥匙的环节，引导幼儿能从不同方向确认物体排列的次序，理解 10 以内的序数。

（1）帮小动物寻找新房钥匙，理解序数方向性的特点。

①出示 7 间新房排成一横排，请幼儿数一数，一共有几间新房？

建议提问："小羊说要打开第一个宝箱，为什么打开了左右两个宝箱呢？"

②出示课件，请师幼一起按提示逐一打开新房寻找钥匙。右边数第 3 个、左边数第 3 个都没有，最后在左边数第 4 个、右边数也是第 4 个的宝箱里找到钥匙，寻找成功。

请幼儿思考讨论，第 3 个、第 4 个可以用数字几来表示？

小结，数字不仅可以表示物体的数量，还可以表示物体排列的顺序和位置。

3. 利用课件，通过给小狗找钥匙，引导幼儿从横、竖两个维度按照序数口令，打开宝箱。巩固对序数的理解应用。

引导幼儿按要求开启宝箱。小鸟往下飞（从上到下）第 2 个、乌龟往右爬（从左到右）第 5 个宝箱没有找到钥匙，最后蜗牛往左爬（从右向左）第 4 个再向上爬第 1 个宝箱找到钥匙，寻找成功，小羊和小狗搬进了新家。

请幼儿说一说，这些小动物找到的房间的层数和哪一间可以用哪些数字表示？

4. 幼儿操作，进一步巩固对序数的理解应用。

导语："还有几个小动物也想住进新房，请你帮他们分分房间，给他们的楼层和房间贴上相应的数字。"

请幼儿操作，给小动物分房间，并说一说每个小动物分到了第几层，第几间？

5. 游戏"找朋友"，感受序数的方向性和趣味性。

教师说出座位位置，幼儿寻找出是哪一个小朋友，如坐在前面数第 1 排、左数第 7 个的小朋友是谁呢？坐在后边第 2 排、右数第 6 个小朋友是谁？从前面数第 3 排、从左边数第 8 个、从右边数第 2 个的小朋友是谁，等等。游戏做 3—5 遍结束。

活动延伸

1. 生活活动中关注自己的水杯、手绢等物品的位置，并能用序数词表述。

2. 整理区域活动材料时，可关注材料在橱子中的位置，能按顺序摆放。

活动反思

上个学前我班孩子已经掌握了 7 以内的序数，本次活动除了让孩子理解 10 以内的序数以外，还要让孩子能从不同方向确认物体排列的次序和相互间的位置关系。活动开始我创设了小动物搬新家的情境，很快调动了幼儿学习的兴趣。复习环节为新的学习打下了基础，通过课件孩子们发现了从不同的方位数，多数物体的排列次序是不同的，并且借助课件他们还学会了从横、竖两个维度来理解并应用序数；操作环节让幼儿把比较抽象的概念，应用到具体的问题中，学会了序数的应用，最后的游戏让幼儿进一步体验了序数的方向性和趣味性，整个活动幼儿投入专注，条理清晰，环环相扣，层层递进，较好地完成了活动目标。但是本活动也存在一些不足之处，如：幼儿操作的图片太薄容易卷曲，给幼儿的操作增加了麻烦；给幼儿提供的图片上的楼房是一样多的，没有照顾到幼儿之间的个体差异，而且每间房比较小，幼儿数起来有一定的难度，在以后的活动中我会进一步改进和调整。

社会实践活动：《雄伟的燕塔》

活动来源

《3—6岁儿童学习与发展指南》指出4—5岁的幼儿"能说出自己家所在地的省、市、县（区）名称，知道当地有代表性的物产或景观"。燕塔是我县标志性建筑，一说燕塔孩子都知道，但是大多数幼儿仅仅是在燕塔周围玩耍过，却没有真正地去关注过燕塔名称的由来，燕塔有多少层、有几个面，燕塔上的花纹是什么样等主要特征。为了能让孩子真正地了解、认识我县的标志性建筑，进一步激发幼儿热爱家乡的情感，我设计了社会实践活动——《雄伟的燕塔》。

活动目标

1. 了解燕塔的名称由来、层数、有几个面、花纹等，知道燕塔是莘县的象征。

2. 参观燕塔，能够坚持爬到燕塔顶部，欣赏莘县的美景，感受燕塔的雄伟壮丽。

3. 认识牌楼，初步了解牌楼的简单特征。

活动准备

1. 活动前，请幼儿和家长一起搜集有关燕塔的由来等资料，也可利用周末时间去燕塔广场游玩，观察燕塔的外形特征，对燕塔有初步的了解。

2. 选择适宜的天气，合适的衣服和鞋子，最好统一园服或帽子，背包、水壶、车辆。

3. 邀请后勤或行政人员做志愿者，协助教师组织活动。

活动过程

1. 活动前谈话活动，做好出发准备。

（1）请幼儿根据已有经验，说一说燕塔名字的由来，有几层高，有几个面，上面有什么样的花纹。教师简单介绍燕塔名字的由来、层高等特征。

（2）引导幼儿做好出发前的准备，如分组，准备好衣服、鞋帽、水壶等。

2. 组织幼儿参观燕塔和燕塔广场的北门，进一步了解燕塔的层数、有几个面、花纹等特征，知道北门的形状和特征。

（1）带幼儿从燕塔广场北门进入，引导幼儿观察牌楼的建构特点，初步了解这种有柱子的门形建筑物就叫牌楼。

（2）引导幼儿参观燕塔。请幼儿观察燕塔的形状，数一数燕塔有几层高、有几个面，看看燕塔上的花纹是什么样子的。

（3）请幼儿爬燕塔，引导幼儿参观燕塔的内部设施。

鼓励幼儿不怕累坚持到底（中间根据情况适当停歇）。

（4）请幼儿站在塔顶，欣赏莘县大美风光，感受登高望远的愉悦心情。

3. 参观后根据实际情况步行下楼或乘电梯下楼，让幼儿适当喝水，休息。

4. 清点人数返回幼儿园，注意返程安全。

5. 共同分享参观燕塔的感受。

教师将参观的照片在电脑中播放（或张贴在墙面上），幼儿回忆、讲述、分享参观燕塔的感受。

活动反思

燕塔是我县的标志性建筑，当孩子们听说要去燕塔参观时都非常兴奋，不停地议论。参观当天早早地来到了园里，孩子们到齐后，我们排着整齐的队伍出发了。到了燕塔广场，首先带孩子们观察了燕塔的北门，引导他们观察北门的形状和特征，知道这种有柱子的门形建筑物就叫牌楼。然后带孩子们近距离观察燕塔，数一数燕塔的层数、燕塔有几个面、几个门，看一看燕塔上面的花纹是什么颜色、什么形状，说一说燕塔的角是什么样子的，上面有哪些动物。然后我们带孩子们走进燕塔里面，向孩子们介绍了燕塔的来历，引导孩子观察了全国各地具有典型特征的不同塔，启发孩子们发现这些塔的异同，拓展了孩子的视野。通过本次参观活动，孩子们对燕塔有了更深的认识，也激发了幼儿热爱家乡的情感。当然活动也存在一些不足之处，如：由于孩子人数比较多，老师带的扩音器声音较小，致使部分孩子不能很好地听老师的介绍，如果把孩子分成3—4个组效果会更好；出于安全考虑，燕塔的负责人没能允许孩子们去爬燕塔，没能实现孩子们登高望远的愿望，这个环节我们安排家长利用周末时间带孩子完成。

美工区：《桃花朵朵开》

活动来源

《幼儿园教育指导纲要》指出："艺术活动要引导幼儿接触周围环境和生活中美好的人、事、物，丰富他们的感性经验和审美情趣，激发他们表现美、创造美的能力。"春天万物复苏，生机勃勃，阳光明媚，树木抽芽，鲜花竞放。春天里桃花朵朵，如云蒸霞蔚，心旌摇荡；春天里桃花烂漫，宛若仙子，轻舞飞扬……为了让春的气息充满孩子身边的每一个空间，让孩子感受桃花的美丽，了解桃花的外形特征，知道它在春天开放，是"报春花"之一，我设计了《桃花朵朵开》这个艺术活动。

活动经验

1. 学习用团、捏、粘贴等方法在树枝上创造性地表现桃花的不同形态。

2. 体验制作桃花的乐趣。

3. 经验准备：提前带幼儿到户外去观察桃花，了解桃花的外形特征。

操作材料

1. 形态各异的桃花图片。

2. 粉红色太空黏土，树枝每人一株。

操作要点

1. 欣赏图片，观察桃花的外形特征，了解桃花的生长位置。

2. 讨论怎样用太空黏土制作桃花，并把它们放在树枝上。

3. 幼儿尝试制作桃花。

4. 交流互动，欣赏桃花作品。

活动反思

本活动充分利用了春天的桃花和幼儿身边的树枝等现有的资源，来锻炼幼儿的动手能力和幼儿欣赏美的能力。通过学习，用团、捏、粘贴等方法，表现桃花的不同形态特征。引导幼儿体验了在树枝上创作的乐趣，让孩子从小接触到不同的艺术风格、形式，激发幼儿对艺术的认同感和归属感。这是孩子们第一次在树枝上创作，他们觉得既新鲜又有趣，兴趣非常浓厚，都能积极地参与到活动中，小肌肉动作获得了发展，动手的操作能力得到了提升，审美情趣也得到了提高，体验到了成功的喜悦和快乐。

美工区：《玉米皮变变变》

活动来源

陈鹤琴老师指出："大自然、大社会是活教材。"而我园地处县城，周围具有得天独厚的自然资源。现在正是丰收的季节，我们搜集了大量的玉米皮，孩子们对玉米皮产生了浓厚的兴趣。其实，玉米皮编织在我国分布很广，广大农民和艺人利用当地的玉米皮，编织成帽子、花篮、拖鞋、提包等，富有朴素雅致的风格，在国外畅销不衰。由于幼儿还缺乏相关的知识经验，因此，我结合大班幼儿的兴趣和年龄特点，设计了这个区域活动《玉米皮》，让孩子在欣赏、操作中体验和感受民间艺术的丰富多彩及独特的魅力。

活动经验

学习初步的编织技能，提高幼儿手部肌肉动作的灵活性。

操作材料

1. 玉米皮编织的工艺品实物或图片。

2. 玉米皮，细毛线，编织步骤图。

操作要点

1. 请幼儿欣赏玉米皮编织的工艺品实物或图片。

2. 幼儿仔细观察编织的步骤图，讨论编织的方法。

3. 幼儿尝试用玉米皮编辫子，学习编辫子的方法。

4. 尝试用编好的辫子做成各种工艺品。

活动反思

幼儿非常喜欢这个编织活动，而且多数幼儿都能够掌握编织的技能。活动开始，大部分幼儿能够顺利进行编织活动，但是到续头的时候很多幼儿不能很好地把新玉米皮的头续接进去。看到这一现象，我请能够续接的幼儿进行了示范，然后我又边示范边讲解，经过指导和反复的练习，孩子们的这一技能逐步有了提高，但是也有个别幼儿感到比较难，放弃了活动。在后来的活动中越来越多的孩子喜欢上了编织活动，而且动作越来越娴熟，编织的质量越来越好，开始放弃活动的孩子也逐渐掌握了方法。多数孩子都能用编成的小辫子来编自己喜欢的小动物，体验成功的快乐。

益智区：《快乐拼图》

活动来源

我班孩子迷上了拼图，可是班里只有一套拼图，每次区域活动结束时，孩子们都会恋恋不舍，不愿意收起来。正好我们将进行的活动是主题二《爱心小天使》中的次主题三《祖国妈妈的生日》，《3—6岁儿童学习与发展指南》在社会领域中社会适应的目标三是具有初步的归属感，其中对4—5岁幼儿的目标要求是能说出自己家所在地的省、市、县名称，知道当地有代表性的物产和景观。结合《3—6岁儿童学习与发展指南》与我们进行的主题和我班孩子的特点，我设计了这个区域活动。

活动经验

1. 能说出莘县、聊城标志性的建筑，知道山东省或者中国著名的景点。

2. 能完成拼图活动，提高观察力、专注力和手眼协调的能力。

操作材料

自制燕塔、顺河公园、东昌湖、千佛山、趵突泉、天安门、长城、天坛等莘县、聊城、山东或中国著名景点的图片和拼图若干，每幅拼图块数为16—32。

操作要点

1. 幼儿观察这些著名景点的图片，仔细观察上面有什么图案。

2. 幼儿自由尝试拼图，开始可以试拼熟悉的简单的拼图，然后逐步尝试拼块数多的、复杂的拼图。

3. 幼儿尝试与同伴合作拼图。

活动反思

拼图是我班孩子非常喜欢的活动，以前孩子们都是玩动物拼图，而且拼图的块数也比较少，最多 16 块，而且这样的拼图对他们来说已经没有了挑战性。因此结合本主题我设计了家乡和祖国名胜风景拼图，为的是加深孩子对家乡和祖国的认识，而且拼图的数量也增加到了最多 32 块，这对孩子们来说都有一定的挑战性。在活动过程中我发现孩子们对这个活动非常感兴趣，虽然从来没有玩过风景的拼图，但是大多数孩子都能看着图片一片一片地认真对照，完成拼图。孩子们对莘县燕塔、顺河公园、天安门等熟悉的风景拼图完成的速度比较快，而对天坛、趵突泉、东方明珠等不太熟悉的风景用的时间比较长，除了对这些风景不熟悉，还有一部分原因是这几张拼图的上半部分天空的面积比较大，蓝色拼图差别不大，需要孩子仔细观察才能发现其中的差别。这些虽然有一定的难度，但是很好地提高了孩子的观察力、专注力和手眼协调的能力，当孩子们完成拼图的时候，他们都露出了开心的笑容。活动中还有的孩子对完成 32 块的拼图还是感到有些难度的，如凯予和致远等几个孩子拼 16 块的图很轻松，拼 24 块的也能独立完成，但是 32 块的就需要教师的提示和引导，这就充分显示了孩子之间的个体差异，就需要教师在提供材料和指导时给予关注。另外，由于这次的拼图是自制的，所以为了好剪，拼图制作得比较薄，这样孩子们在拼插的过程中固定的不牢，拼图容易动，有时需要孩子们重复摆弄，这是需要我改进的地方。

生活操作区：《彩色"牛奶"》

活动来源

经过一周的学习幼儿对蔬菜已经有了比较深入的认识，《3—6 岁儿童学习与发展指南》中指出 4—5 岁的幼儿要不偏食、不挑食，喜欢吃瓜果、蔬菜等新鲜食品，为了进一步让孩子喜欢吃各种蔬菜和提高他们的动手操作能力，我设计了本活动。

活动经验

练习用小刀切蔬菜的动作技能，尝试用蔬菜榨汁。

操作材料

1. 经验准备：活动前请幼儿熟悉使用榨汁机的方法。

2. 材料准备：塑料、木质及铁质小刀，新鲜的胡萝卜、土豆、黄瓜、西红柿等蔬菜，果盘，一次性纸杯，榨汁机。

操作要点

1. 幼儿尝试用不同的刀具把蔬菜切成适合榨汁的形状，放入盘内。

2. 幼儿尝试用榨汁机进行榨汁（教师帮幼儿接好电源，提醒幼儿注意不要把蔬菜汁洒到纸杯外面）。

3. 幼儿品尝自制的彩色"牛奶"。

活动反思

本次活动幼儿兴趣非常浓厚，他们都喜欢动手尝试切各种蔬菜，更喜欢尝试用榨汁机去榨汁，当看到自己亲自动手操作榨出的彩色"牛奶"，孩子们高兴得手舞足蹈，他们一边品尝一边讨论彩色"牛奶"的味道，都说彩色"牛奶"真好喝。就连平时非常讨厌胡萝卜的晓初尝过自己榨的胡萝卜汁之后都说胡萝卜真好，她以后再也不讨厌胡萝卜了。通过本区域活动幼儿初步掌握了用小刀切蔬菜的技能，了解蔬菜的不同味道，知道了多吃蔬菜的好处，提高了幼儿的动手操作能力。但是在活动中也遇到了一些问题，如准备的刀具不太适合幼儿使用，致使幼儿切胡萝卜等比较硬的蔬菜时很费劲，有的手劲小的幼儿切不动胡萝卜，这就需要我们在设计活动时一定要考虑孩子的年龄特点和已有经验，为其准备合适的操作材料，以促进幼儿更好地发展。

生活操作区：《水果拼盘》

活动来源

水果是幼儿生活中常见的事物，它既有丰富的营养，又贴近幼儿的生活，但是有的孩子不喜欢吃水果，有的孩子只喜欢吃一两种水果。为了帮助幼儿感知水果的多样性，知道多吃水果的好处，了解水果不仅可以吃还可以创作出美的作品，因此我设计了区域活动《水果拼盘》，让幼儿在制作水果拼盘的时候，感受水果拼盘的造型美、艺术美，品尝水果拼盘的美味，同时喜欢上吃各种水果。

活动经验

练习给水果剥皮，尝试制作水果拼盘，知道多吃水果身体好。

操作材料

1. 水果拼盘图片。

2. 各种水果，塑料刀，切好的水果（部分难切的水果教师切好），果盘。

操作要点

1. 幼儿观察水果拼盘图片，说说水果拼盘是怎样做的。

2. 幼儿选择自己喜欢的水果进行剥皮或者切块。

3. 幼儿尝试制作水果拼盘。

4. 向同伴介绍自己的水果拼盘用了哪些水果，是怎么做的。

5. 欣赏同伴制作的水果拼盘，并互相品尝。

活动反思

孩子们对《水果拼盘》这一区域活动非常感兴趣，每次活动总有不同的孩子来到操作区，进行水果拼盘活动。孩子们从剥皮、切块开始，到拼摆，尝试用不同的水果摆出了各种各样的造型，最后他们把自己的拼盘介绍给好朋友，并请好朋友分享。通过水果拼盘这一活动，孩子们都渐渐地了解了多吃水果的好处，喜欢上了吃水果。在活动中孩子们逐渐能够熟练地给水果剥皮、切块，小肌肉精细动作获得了发展；并且在介绍自己作品的过程中，语言表达能力得到了提升；在与好朋友的共同分享中，提高了交往能力，同时发展了幼儿的审美能力和创造能力。但是在活动中也出现了一些不足之处，如，第一，在开始的活动中由于教师准备的水果种类比较少，而且切出的水果形状也比较单一，以至于幼儿摆出来的造型也不够丰富。接下来我直接进行了调整，首先把水果切成了各种各样的形状，然后又提供了种类更加丰富的水果，并且在给幼儿提供切水果的工具时，也逐步由一开始的只有一种水果刀，增加了塑料刀和木质刀具，让幼儿在练习切水果的同时，体验不同工具切水果时的不同感受。第二，小班幼儿年龄比较小，关于水果拼盘的经验相对比较少。所以在开始的活动中，孩子们大多是用橘子进行拼摆，而且造型差不多，针对这一现象我又提供了更多水果拼盘的图片，以丰富幼儿的经验，并且在必要时进行平行指导。随着活动的不断深入，孩子们逐步掌握了切水果的技能，而且水果拼盘的造型也越来越丰富，他们在发展多种能力的同时，获得了快乐的体验。

生活操作区：《煎菜坨》

活动来源

煎菜坨是我们家乡一种常见的主食，一盘菜坨，一碗粥就是一顿饭了。菜坨的取材非常广泛，带叶子的蔬菜、萝卜、南瓜、西葫芦、野菜等都能做，虽然做法很简单，但却是餐桌上的一道美味。

活动经验

1. 学习煎菜坨子的做法，了解家乡美食。

2. 体验自己做饭的乐趣。

操作材料

1. 西葫芦 3 到 5 个（也可以是南瓜、胡萝卜），盆子、勺子和铲子各一个。

2. 电饼铛一个，适量的食用油、盐和花椒粉。

操作要点

1. 大西葫芦洗净（大西葫芦就是那种有籽的老西葫芦。记住千万不要嫩的。嫩的出汤多不成形，做出来根本吃不到西葫芦丝），用擦丝板擦成粗丝，放到一个大的盆里撒上盐等二十分钟到半小时。

2. 静置二十多分钟后的西葫芦丝会出很多汤，请幼儿双手呈十字形用力捧住一把西葫芦丝，把多余的水分挤掉，依次把所有的西葫芦丝都挤出水分。

3. 将少量面粉、盐和花椒粉撒到西葫芦丝上搅拌均匀成糊状（西葫芦和面粉的比例4∶1就可以）。

4. 幼儿在电饼铛上煎菜坨。饼铛里倒少量油防止粘锅（教师可帮助幼儿），用勺子挖一勺拌好的西葫芦面，边煎边用铲子压成薄饼状，大概压至五到七毫米那么厚就可以了。

5. 煎到两面焦黄出锅装盘。

6. 幼儿品尝自己制作的菜坨。

活动反思

本次活动是结合我园的园本主题活动《蔬菜王国》开展的生活操作区活动。通过这一主题活动，孩子们对蔬菜的了解有了很多新的认识，这就激发了幼儿自己动手制作美食的欲望。所以在此次活动中，孩子们一直保持着高涨的参与积极性，每一步的操作都亲身体会，认真体会每一个环节的操作要点。特别是在等待菜坨在电饼铛上变熟的过程，就像等待一件艺术品即将诞生的兴奋和雀跃。当品尝到自己亲手制作的美食，每个人脸上都露出了满足的笑脸，心里充盈着满满的成就感和幸福感。

生活操作区：《卷菜卷》

活动来源

菜卷是我们这儿的常见民间食品，不但鲜香味美，而且制作方法也简单易学，并且制作菜卷的原料也非常丰富。韭菜、鸡蛋、木耳、胡萝卜、虾皮等各种蔬菜都可以做出营养丰富、味道鲜美的菜卷，在我们开展园本主题《蔬菜王国》的活动中，我设计了生活操作区活动《卷菜卷》，目的是让幼儿学习擀面、卷菜卷的动作技能，尝试自己制作菜卷，体验品尝自制菜卷的快乐。

活动经验

1. 学习擀面、卷菜卷的动作技能。

2. 尝试自己制作菜卷，体验品尝自制菜卷的快乐。

操作材料

经验准备：幼儿可提前看父母是怎么卷菜卷的，初步了解菜卷的做法。

材料准备：1. 韭菜、胡萝卜、葱、野菜、虾仁、木耳、鸡蛋、油盐、面等各种蔬菜及配料（复杂些的馅教师可做好，简单的可以幼儿尝试做，面教师提前和好）。

2. 电磁炉、蒸锅、餐盘、面板、擀面杖等，菜卷制作步骤图。

操作要点

1. 幼儿讨论做菜卷的方法。

2. 幼儿参考菜卷制作步骤图，自选材料制作菜卷。

制作菜卷的方法：

（1）拿一块面团圆，压扁，然后用擀面杖擀成厚薄适中的薄饼（把擀面杖放在面饼的一边卷起，双手搭在面饼上，向对面整体滚动，滚的时候稍加用力，再紧贴案板拉回来，反复数次，面皮就擀好了）。

（2）将拌好的馅料均匀摊在擀薄了的面皮上。尽量抹平，摊均匀，留最外沿 2 厘米不放馅料。

（3）从一边卷起，卷成长条状（注意不要把菜挤到外面）。

3. 教师帮幼儿共同把菜卷放入蒸锅里。

4. 幼儿品尝自制的菜卷。

活动反思

菜卷是幼儿常吃，也非常喜欢吃的一种食品，但是他们却从来没有亲自做过，因此每次区域活动时，生活操作区《卷菜卷》的活动总是吸引了很多孩子积极参与。活动中，他们尝试着擀面皮、摊菜馅、卷菜卷等。开始时，有的孩子把面皮稍微擀一擀，就要放馅；有的孩子面皮擀得过于薄了；有的孩子放的馅很多，而有的放馅又太少。活动中总是有这样那样的问题出现，但是正是在出现问题、解决问题的过程中，孩子们慢慢地掌握了卷菜卷的方法。经过练习每个孩子都学会了卷菜卷，当品尝到自己做的菜卷时，他们都感到非常自豪，很多孩子见到家长时都高兴地说："妈妈，今天我会做菜卷了，我们回家也做菜卷吧。"从这个活动中，我们可以看出，来自幼儿生活的活动会更易于幼儿接受，会让他们更感兴趣，更加喜欢，也更能促进他们的发展。

建构区：《美丽的燕塔》

活动来源

孩子们参观燕塔的活动结束后，对燕塔的结构已经熟悉，中班幼儿已经有了围合、渐变的经验，也想用积木来尝试搭建燕塔。

活动经验

初步了解中国古建筑燕塔的建筑结构，用平铺、围合、渐变的搭建方法搭建燕塔。

操作材料

参观过燕塔，燕塔图片，各种类型的积木。

操作要点

1. 观察燕塔图片，了解中国古建筑燕塔的建筑结构有台基、屋身、屋顶，自下而上，由宽到窄。

2. 幼儿协商合作，尝试用平铺的方法堆叠出台基，用围合搭建的方法搭出燕塔的屋身，用积木组合的方法搭出屋顶，利用积木的长度体现渐变的结构。

3. 搭建作品，拍照进行展示评价。

活动反思

燕塔有八面八角接近圆形、十三层的中国古典建筑，如果按照原型搭建难度是很大的，所以中班幼儿搭建燕塔只要求做到形似，会利用平铺、围合、渐变这三种技能就可以了。看到真正的燕塔和燕塔的图片，幼儿发现最下层是最大的，越往上越小，是围成一圈的，在认知的基础上幼儿分组尝试搭建，第一次在班级建构区搭，积木数量不够，只搭了三层就封顶了。为解决这个问题，第二次到园里的建构室去搭建，一组幼儿根据已有积木的长度差别搭建了六层,一名幼儿负责主体建筑,另一名幼儿搭建台阶和每层的角,虽然是四面四个角好找到,但是她发现每边中间再放一个角就是八角了,搭完燕塔后又搭建了燕塔的牌楼;另一组幼儿搭一层数一层要搭够十三层,虽然长条积木的长度没有十三种,但是搭建时他们往里收缩尽量体现出渐变。搭到第九层就够不着了,两人商量后想了个办法"用积木为自己搭台阶",一人扶稳台阶,一人小心翼翼地往上搭。从两组幼儿的搭建过程来看,合作搭建意识在中班已经形成,三种搭建技能也能掌握,但是我发现幼儿在用围合方法搭建时只限于用一根完整的长条积木,而间隔围合、组合围合还没有出现,下一步要引导幼儿掌握更多的搭建技能。

建构区：《搭建飞机场》

活动来源

我们将开展《飞机起飞了》的次主题活动，"飞机"是孩子们非常感兴趣的话题，但是飞机场是孩子们所不熟悉的场所，飞机有什么神奇的本领？它停在哪里？怎样起飞？人们在哪里乘飞机？怎样乘飞机？这些都深深吸引着孩子去探索、去发现。为了更好地支持和帮助幼儿的学习，满足他们探索的欲望，进一步感知飞机与人们生活的关系，我设计了《搭建飞机场》这一区域活动。

活动经验

1. 简单了解飞机场的组成部分。

2. 学习用拼插、平铺、垒高等建构方法，创造性地合作搭建飞机场，体验合作成功的快乐。

操作材料

1. 活动前和幼儿一起搜集飞机场的资料，了解飞机场的组成部分。

2. 不同布局的飞机场图片。

3. 大小不同的积木、易拉罐等辅助材料。

4. 飞机玩具若干。

操作要点

1. 幼儿观看飞机场的图片，了解飞机场的组成部分。

2. 幼儿协商搭建方案，确定搭建主体的结构、使用的材料及搭建的方法，并进行分工。

3. 幼儿分工合作，按照设计方案选择材料，创造性地进行主体搭建。

4. 把飞机玩具停放在飞机场内，装饰飞机场。

5. 欣赏、评价搭建的作品。

活动反思

飞机场对我班孩子来说是非常陌生的，所以在活动前我先和孩子搜集了不同的飞机场的资料，了解了飞机场的主要组成部分。活动时孩子们先观看几幅风格不同的飞机场的图片，加深对飞机场的了解。然后他们自主协商搭建方案，选择自己喜欢的主体结构，这样更有利于他们创造性地搭建。搭建过程中他们分工合作，不但搭建出了机场的跑道、停机坪等主体建筑，还有的孩子搭建了塔台、储油库、停车场、安检处等建筑。通过搭建飞机场的区域活动，孩子们对飞机场有了一个较为全面的感知，也更加深刻地了解了飞机与人们生活的关系。不但提高了孩子们的动手能力、合作能力，还进一步丰富了他们的想象，满足了他们乐于探索的愿望。但是由于孩子们对飞机场的了解比较少，建成的作品比较单调，这就需要我们给孩子提供更多关于飞机场的资料，以丰富孩子们的经验，使其作品更加多样化。

户外活动:《赶小猪》

活动来源

孩子们平时喜欢玩沙包和易拉罐，但是对用小棒赶易拉罐前行的控制能力掌握不好。为了让幼儿探索赶小猪的方法，锻炼幼儿的平衡、协调、控制能力，因此我设计了《赶小猪》的游戏。

活动目标

能够用小棒赶沙包或易拉罐按指定方向前行，提高手眼协调能力和控制能力。

活动准备

1. 迷你绳（或小棒）每人一根，沙包、各种球（易拉罐）每人一个，宽阔的活动场地。

2. 小椅子、山洞（纸盒或拱形门）。

规则及玩法

规则：

幼儿需手持迷你绳推动沙包或易拉罐向前滚动；钻山洞时一定要钻本组的山洞，不能从其他组的山洞钻过。

玩法：

幼儿手持迷你绳（或小棒）做赶小猪者，用沙包或易拉罐做小猪。赶小猪者用迷你绳将小猪向前滚动。可以开展竞赛，比比谁的小猪先赶回家。

为了增加游戏趣味性，可以增加小椅子等障碍物，让幼儿赶小猪绕过障碍物，也可以设置山洞，让幼儿把小猪赶进山洞，可以开展竞赛活动。

活动反思

整个活动幼儿的兴趣是非常浓厚的，而且用迷你绳赶易拉罐对中班幼儿也有一定的挑战性。有部分幼儿能够较好地掌握，经过练习后能够把易拉罐赶入山洞中，充分体验了游戏的快乐。但是部分能力弱的幼儿，用迷你绳赶沙包钻过山洞比较容易，用迷你绳赶易拉罐就有一定的难度，所以这部分孩子就选用了接力棒来赶易拉罐，经过练习后，也能把易拉罐赶进山洞，这样他们也就能感受到成功的快乐。由此可以看出我们在设计活动和准备材料时一定要考虑孩子的个体差异，了解每个孩子的最近发展区，根据孩子的发展区准备不同的材料，争取让每个孩子都能在原有水平上获得最大的提升。

户外活动：《气球玩玩乐》

活动来源

我们刚刚开展了空气的秘密主题活动，空气是幼儿生活中经常接触到的，但是幼儿对空气的感知不多，通过在室内的一系列活动，幼儿对空气有了一定的了解。气球是幼儿非常喜欢的玩具，为了让幼儿更多地了解气球与空气的关系及发展幼儿身体的灵活性，提高手眼协调能力，体验与同伴合作游戏的乐趣，我设计了户外游戏《气球玩玩乐》。

活动目标

1. 探索气球的不同玩法，体验合作玩球的乐趣。

2. 感知空气从气球中突然冲出的有趣现象。

活动准备

吹好的气球若干，皮筋（做球网用），宽阔的活动场地。

规则及玩法

幼儿自由玩球，探索气球的多种玩法。教师组织幼儿进行气球比赛游戏。

规则1：

1. 不能让球落到地上，也不能把气球挤破。

2. 注意在运送过程中保护同伴，不能被推倒。

玩法：

运气球接力赛：幼儿分成两队红队和黄队，每队两排站好，幼儿两人面对面站好，把气球夹在身体的中间，双手搭在对方的肩膀上。两队运动员以最快、最平稳的速度把球运到对面椅子处，然后绕过椅子把球运回来，哪队先运完哪队获胜。

规则2：

1.当对方把气球拍到自己场地时要及时拍回去，但是当气球落地后就不能再拍。

2.用力要适中不要把气球拍破。

玩法：

趣味"排球"赛：幼儿分两队各站到球网的两边场地，当游戏开始时，两队都要将自己场内的球拍到对方场内，游戏结束，哪队场地中球少哪队获胜。

规则3：

请幼儿重点观察气球窜飞的速度与轨迹，感受气流大小与气球窜飞的关系。

玩法：

气球飞上天：幼儿每人拿一个充气后的气球放气，看看气球飞到哪里？

活动反思

这次活动孩子们都非常兴奋，玩得也非常投入。在第一个游戏运气球接力时大家都知道不能太用力，不然就把气球挤破了。运的过程中孩子们小心翼翼，有的孩子怕把气球挤破，距离有些远，在走的过程中气球掉了出来，然后又经过不断尝试，终于找到了运气球的技巧，顺利完成了活动，这一游戏提高了孩子们的合作能力和身体的协调性。在第二个游戏中，孩子们也非常积极投入，但是由于是第一次玩这样的游戏，小组之间的配合还不够密切，游戏开始时常常是气球飞过来之后大家不知道去拍，气球就直接落地，或者都抢着拍却谁也拍不到，练习之后才渐渐掌握了游戏的规则和玩法，由此可以看出，中班幼儿两个人的合作能配合默契，但是多人的团队配合就有了一定的挑战性。最后一个游戏中，幼儿充分体验到了空气从气球中突然冲出的有趣现象，感受到了气流大小与气球窜飞的关系。

户外活动：《投沙包》

活动来源

沙包制作简单玩法多样，深受孩子们喜爱，在平时的晨间活动中，我发现孩子们已经掌握了一些沙包的玩法，比如，向上抛沙包、扔沙包、顶沙包等。《3—6岁儿童学习与发展指南》中指出5—6岁幼儿要能够单手将沙包向前投掷5米左右，并能够躲避他人滚过来的球或扔过来的沙包，而投沙包的游戏恰恰能够促进幼儿这两种技能动作的发展，所以我设计了这一游戏。

活动目标

能投中有一定距离活动中的人，并且能够躲避他人扔过来的沙包。

活动准备

沙包若干，宽阔的活动场地，在场地上画两条距离10米左右的线。

规则及玩法

规则：

1. 投掷幼儿不得进入线内投掷，并注意不要投到头上或脸上。

2. 被投的幼儿可以接投来的沙包。接住后，可以救回一个被击中的同伴；如没有接住，则算被击中，应退到界外。

玩法：

在场地上画两条距离10米左右的线，幼儿分成人数相等的两组，甲组幼儿站在场地中间准备躲闪沙包，乙组幼儿分别站在两边的线上准备投沙包。发令后，乙组用沙包投击甲组队员，甲组队员在场内机智地躲闪，如果被击中，就退到界外。甲组队员如接住投来的沙包，则可救回一个退出场的同伴。游戏进行到一定的时间，甲乙两组交换位置。最后，以被击中少的组为胜。

活动反思

孩子们非常喜欢玩沙包的游戏，为了充分发掘沙包的多种玩法，激发幼儿玩沙包的兴趣，我设计了投沙包的游戏活动。本次活动目标定于能投中有一定距离活动中的人，并且能够躲避他人扔过来的沙包，发展幼儿的投掷能力和提高幼儿身体动作的灵敏性。第一次玩这个游戏，孩子们兴趣浓厚，整个活动中都非常投入，但是在活动一开始，投沙包的幼儿总是投不中躲闪的幼儿，不是距离不够远，就是投偏，我引导他们思考讨论怎样才能投中躲闪的幼儿，经过练习他们逐渐掌握了投掷的动作要领，他们很快就投中了。躲沙包的幼儿一开始也不能够灵活地躲避，我引导他们观察并思考怎样才能顺利地躲过投来的沙包，经过练习后也掌握了躲避的方法，成成在剩下自己一个人面对多个投手的时候还能坚持了好几轮才被投中。投沙包的游戏让幼儿体会了民间游戏的乐趣，提高了他们动作的灵敏性、协调性。

户外活动：《卷白菜》

活动来源

《3—6岁儿童学习与发展指南》中指出要为幼儿创造机会和条件，发展幼儿身体动作的协调性和灵活性，结合我们正在进行的园本主题《蔬菜王国》，我们设计了户外游戏《卷白菜》。通过这一活动，不仅给孩子们创造了更多参加户外活动的机会，对增强体质有很大的帮助，而且也有利于发展幼儿的反应能力，以及幼儿在活动中的合作能力。

活动目标

会平稳、灵活地走螺旋形，体验合作游戏的快乐。

活动准备

白菜头头饰若干。

规则与玩法

规则：

卷白菜时手不能松开，一个挨一个卷；听到"剁白菜"后才可散开。

玩法：

玩法1：将幼儿分成人数相等的几组（每组10人左右），每组幼儿手拉手排成一排，排头戴上白菜头饰，做白菜头。游戏开始后，幼儿从"白菜头"开始，依次向队尾卷，幼儿一边向一个方向卷，一边念："卷呀，卷呀，卷白菜呀，卷成一个大白菜！"幼儿一边转一边卷，团团相裹，团团相转，站在最后的幼儿用力裹住，以卷得又快又好的一组为胜者。卷完白菜后，教师说"剁白菜了"，幼儿立刻散开跑，也可以一边说儿歌"卷完白菜剁白菜，一片一片剥下来"，一边一个个散开。游戏重新开始。

玩法2：以"白菜头"为中心不动，幼儿从队尾方向开始围绕"白菜头"卷。

玩法 3："白菜头"站在中间位置不动，幼儿从两边同时开始向中间卷，以"白菜首尾"一起卷。

活动反思

《卷白菜》的儿歌朗朗上口，卷白菜的游戏非常好玩，深受孩子们喜爱，在整个游戏过程中，他们参与的积极性非常高。玩法 1 和 3 对我班的孩子来说较为容易一些，练习了几遍他们就掌握的非常熟练了。玩法 2 对他们来说有一定的挑战性，教师介绍完玩法之后，孩子们似乎没有听懂。接着我们又进行了示范，他们清楚了游戏的玩法，但是玩起来的时候还是不够顺利，不是白菜头跟着转，就是有的幼儿松开了手。然后我们把幼儿的人数减少为一组 6 人，进行尝试，渐渐地孩子们掌握了这种玩法，玩熟练之后他们还自发地组织在一起，把人数扩大到 10 人、12 人一起玩，而且玩得兴致盎然，特别开心。《卷白菜》这个游戏活动不仅可以锻炼幼儿身体的灵活性和协调性，还促进了幼儿之间的合作能力，让他们体验到了合作游戏的快乐。

户外活动：《小兔子种菜》

活动来源

《3—6岁儿童学习与发展指南》中指出，要创造条件和机会，发展幼儿动作的协调性和灵活性。鼓励幼儿进行跑跳、钻爬、攀登、投掷、拍球等活动。结合我们现在开展的《蔬菜王国》的园本主题活动，我设计了《小兔子种菜》的户外体育活动，主要目的就是让幼儿学习双脚左右连续向前跳的动作。

活动目标

1. 学习双脚左右连续向前跳的动作。

2. 能够积极主动地参与游戏活动，体验活动的乐趣。

活动准备

1. 大小不同的地垫（圆形或椭圆形报纸、纸盘等）幼儿每人各一块。

2. 胡萝卜、白菜等各种蔬菜卡片幼儿每人一张，沙盘或泡沫板四块。

活动过程

1. 创设情境，小兔子家的菜地要种各种各样的蔬菜，邀请我们去帮忙。幼儿随音乐热身活动，重点活动脚腕、膝盖、腰等部位。

2. 幼儿自由探索尝试在地垫（大）上连续双脚向前跳的方法。教师观察，根据情况，请幼儿介绍是怎样跳的。

3. 学习双脚左右连续向前跳（根据现场出现的情况进行，如在自由活动中出现就请幼儿示范，如没出现，就请幼儿思考讨论怎样进行双脚左右连续向前跳）。

4. 教师示范讲解动作。

双腿弯曲，前脚掌用力蹬地，手臂自后向前摆带动身体向左前或右前方跳，要跳到地垫上，起跳时要注意双脚同时起跳。

5. 幼儿自由练习，教师巡回指导可根据情况增加难度，如增加地垫的块数跳的距离变长或者用小地垫代替大地垫。

6. 游戏：小兔子种菜。

幼儿分四组进行种菜游戏，教师讲解比赛方法和规则。

幼儿分为四个纵队站在同一起跳线上，每人拿一种蔬菜卡片从起点跳到终点，把蔬菜卡插到自己队的沙盘里，跑回来与第二个幼儿击掌后，第二名幼儿方可开始，依次进行，哪组幼儿最先种完为胜者。

7. 放松活动。幼儿随音乐放松身体。

活动反思

双脚连续向前跳对中班的幼儿来说已经没有太大的挑战性了，所以为了促进幼儿动作协调性和灵活性的发展，我设计了以学习双脚左右连续行进跳为主要目标的户外活动《小兔子种菜》。整个活动我以小兔子种菜的游戏情境贯穿始终，调动了幼儿参与活动的积极性。活动一开始，我给每个孩子一块纸板，让他们自由尝试探索在地垫上连续双脚向前跳的方法。孩子们自觉地把纸板排成排，练习向前跳。在学习左右连续行进跳的过程中，有的幼儿把两个纸板的距离摆得比较远，很难跳过去，有的幼儿想出来把纸板连成一排，左右来回跳，但是年龄小的孩子还是不能非常顺利地完成动作。于是我示范讲解了动作要领，并请能力强的幼儿又进行了示范，这样练习之后大部分幼儿掌握了动作要领。在幼儿自由练习环节，有的孩子发现跳纸板的宽度比跳纸板的长度更容易，他们自发地按照纸板的宽度排成一排，这样左右之间的距离就变窄了一些，所有的孩子都达成了活动目标。在"小兔子种菜"的环节，我们把纸板改成前后交错摆放分两排，纸板间的距离根据幼儿的能力进行调整，能力强的一组距离远一些，能力弱的一组距离就近一些，这就满足了不同幼儿的需要，让每个孩子都获得了发展。整个活动幼儿兴趣浓厚，积极参与，掌握双脚左右连续向前跳的动作技能，体验了游戏的快乐。但是也存在一些不足之处，如为了调动能力强的幼儿积极性，增加难度时只是加宽了纸板之间的宽度，其实还可以增加纸板的块数，或者减小纸板的大小。虽然在活动前进行了这样的预设，但是由于准备的材料不充分而没能实施，以后的活动中我要准备更加丰富的活动材料，以满足幼儿发展的需要。

户外活动：《放飞竹蜻蜓》

活动来源

一天早上，小莘小朋友像一只小鸟快乐地飞进活动室，跟着这个小顽皮一起飞进来的还有一只红色的"竹蜻蜓"。班上所有的孩子立刻被这个新奇的小玩意吸引住了，孩子们围着竹蜻蜓好奇地讨论着："它会飞起来吗？""它能飞得很高吗？"孩子们兴致盎然地说着自己不同的看法，我马上捉住了孩子这一兴趣点，根据小班孩子爱玩的特点，设计了本次《放飞竹蜻蜓》的活动。预设以幼儿自主学习为主，旨在通过幼儿学习玩竹蜻蜓的方法，以提高小肌肉动作的灵活性，体验玩竹蜻蜓的快乐。

活动目标

1. 学习用搓、放手的动作玩竹蜻蜓，提高小肌肉动作的灵活性。

2. 体验玩竹蜻蜓的快乐。

活动准备

宽阔的活动场地，每人一个竹蜻蜓。

活动过程

1. 幼儿随音乐做热身活动。

2. 出示竹蜻蜓，请幼儿观察竹蜻蜓的特征，说一说在哪里见过竹蜻蜓。

3. 请玩过竹蜻蜓的幼儿介绍竹蜻蜓的玩法。

4. 教师介绍并示范竹蜻蜓的玩法。

5. 幼儿练习玩竹蜻蜓，教师注意观察指导，提醒幼儿不要伤到自己和同伴。

6. 游戏：飞得高、飞得远。

幼儿熟练掌握放飞竹蜻蜓的动作，放飞后，请幼儿进行比赛，看谁的竹蜻蜓飞得高、飞得远。

7. 放松活动。

活动反思

玩是孩子的天性，而游戏是孩子的基本生活。在此次游戏活动中，孩子们探索新事物的好奇心被充分调动起来，通过观察—示范—自主练习—总结经验，大多数幼儿基本上都掌握了放飞竹蜻蜓的方法。活动中，我发现，幼儿不能成功放飞竹蜻蜓的最大问题是双手搓的速度较慢，这就导致了竹蜻蜓在离开手的时候没有向上的螺旋升力，出现竹蜻蜓一放手就落地的现象。发现这个问题后，我及时引导幼儿做出调整，快速搓动再放手，孩子们很快就体会到了放飞竹蜻蜓的快乐。

第六篇　　研思践悟，笃行致远

　　思想源于思考，思考根植于研究，研究落实于行动。将研究作为自己的工作方式，落实于教育教学的实践中，在不断的探索中反思、总结、提炼。经验的积累，方法的改进，凝练成教育的智慧，深耕教育实践的分析与探究，让我提升了思想的厚度、理论的高度、实践的深度。

基于幼儿兴趣的益智区材料投放与调整策略研究

与表演区、建构区等创造性游戏区相比较，益智区往往容易被幼儿冷落，成为"冷门区"。但是，由于益智区蕴含着与认知能力、数理逻辑能力等相关的学习性要素，因此，益智区在培养幼儿思维的敏捷性、灵活性、创造性，提高他们的思维能力方面具有非常大的优势，是其他区域不可比的。益智区中的分类、比不同、走迷宫、拼拼图和各种棋类等游戏都属于智力游戏，通过这些游戏，能够帮助幼儿学会观察、辨别、分析、推理、判断，提高幼儿分析问题、解决问题的能力，培养幼儿专注、坚持、做事有条理的积极学习品质。

那么，教师就要追随幼儿的兴趣投放适宜的益智区材料，并根据幼儿的需要不断进行调整，让幼儿喜欢上"冷门"而又重要的益智区。

一、追本溯源，了解益智区材料投放存在的问题

借助齐鲁名师研修课题《益智区材料投放与活动指导策略的实践研究》，笔者通过问卷调查、访谈，向各班教师征集益智区问题等形式，将益智区材料投放存在的问题进行梳理、总结，并通过现场观察，发现 S 幼儿园益智区材料投放存在以下问题：

（一）材料的种类、数量少，更新不及时

材料是幼儿活动的物质基础，通过访谈和到班级实地观察，笔者看到 S 幼儿园许多班级的益智区材料只有魔方、扑克牌、五子棋、拼图、自制迷宫等几种玩法较为单一的材料，不仅种类少、数量不充足，而且更新不及时，刚开始时幼儿的兴趣还比较浓厚，但是长期下来，益智区就变得无人问津。

（二）材料缺乏趣味性，不符合幼儿发展水平

苏联教育家维果茨基提出的最近发展区理论说明，益智区材料的投放要考虑到不同年龄段幼儿的身心发展水平，投放的材料要有层次性，难度适宜，

并层层递进。但是调查中笔者发现，有的教师在投放益智区材料时，没能考虑自己班级幼儿的年龄特点和身心发展水平，投放的材料不能发挥其最大价值。如幼儿刚升中班，教师就投放了大量的五子棋，绝大多数幼儿不会玩，致使其长期被搁置，而有的大班教师用一个小鞋盒制作了简易迷宫，幼儿玩几次感到没意思了，也被"束之高阁"。

（三）材料的目标性强，无法体现幼儿的自主性

益智区相对于其他区域来说其学习性更强一些，因此为了达到预期目标，教师往往根据教学需要设计和投放材料，这样就无法体现幼儿在游戏中的自主性，也会大大降低幼儿参与活动的乐趣。如学习 6 的组成后，教师在益智区投放了 1—6 的数字卡和分合号，让幼儿轮流去益智区进行练习，就无法有效促进幼儿与材料进行良好互动，无法体现区域活动自由、自主的特点和幼儿在游戏中的主体地位。

二、深度研讨，分析益智区幼儿兴趣点及材料类型

基于 S 幼儿园益智区存在的问题现状，笔者查阅了大量文献资料，课题组成员进行了有针对性的研讨，发现益智区材料主要包括三类：第一类，能够帮助幼儿进行自我纠错的材料，如配对材料、排序材料、分类材料等；第二类，激发幼儿好奇心、想象力、创造力，能够进行构图造型的材料，如磁力片、七巧板、蘑菇钉等；第三类，有固定规则和玩法的材料，如跳棋、五子棋、扑克牌游戏等。

通过对不同年龄段幼儿的活动观察发现，小班幼儿相对喜欢具有自我纠错能力的材料，大班幼儿则倾向于各种棋类游戏。相比于魔方、拼图等高结构材料，大、中、小各年龄段的幼儿都更喜欢趣味性高、玩法多样、富有创造性的低结构材料，如七巧板、磁力片、俄罗斯方块、乐高积木、水管积木等。

三、探索实践，寻求益智区材料投放的有效策略

（一）创设适宜环境，丰富益智区活动材料

幼儿是在与环境的互动和实际操作中获得感知、体验、发展的。丰富的材料不仅可以为幼儿提供更多操作的机会，而且会让他们百玩不厌，保持对活动的兴趣。益智区属于比较安静的区域，为了给幼儿创设一个不被干扰的益智游戏环境，S 幼儿园教师根据不同年龄段幼儿的特点和班级的活动空间，把益智区创设在活动室中相对安静的一角，并提供了宽敞的桌面和空间。同时，还根据不同年龄段幼儿的发展水平和兴趣需要，投入了大量适宜的益智区活动材料，

满足幼儿活动的需要。如在小班增加了磁力片、蘑菇钉、大颗粒、穿珠、纸杯等，在中班增添了磁力棒、互动桌、雪花片、百变魔珠、拼插玩具棒等，大班添置了叠叠高、思维火柴、俄罗斯方块、数独等游戏材料，并且在数量上给予充足的保障，大大调动了幼儿参与益智区活动的兴趣和积极性。

为方便幼儿取放材料，摆放了低矮的橱柜，搜集了衬衣盒、鞋盒等各种工具盒分类放置材料，还利用图标进行标注，培养幼儿物归原处的良好习惯。

（二）基于幼儿发展水平，投放有层次性的材料

《3—6岁儿童学习与发展指南》明确指出："尊重幼儿发展的个体差异。"关注并尊重幼儿的个体差异在益智区体现为教师根据幼儿的不同发展水平及兴趣需要投放不同层次的材料，让不同水平的幼儿都能在原有水平上获得发展。例如，在扑克牌游戏中，教师按照小、中、大三个年龄段幼儿的发展水平，分别投放了不同数量的扑克牌，小班投放的是数字1—5的扑克牌，幼儿可以按扑克牌的颜色或图形进行分类；中班投放的是10以内数字的扑克牌，幼儿可以进行排火车、比较大小等游戏；到了大班后，就把所有的扑克牌都投放了进去，大班幼儿可以进行数的组成活动，还可以进行加减法运算等活动，满足了不同年龄段幼儿的需求。又如，投放拼图时，大、中、小班投放的拼图块数不一样，即使同一个班级提供的拼图，也是块数不同、图案不同、难易程度不同，以满足不同水平幼儿发展的需要。在投放"配对"的活动材料时，教师投放了瓶子和瓶盖，让幼儿把大小不同的瓶子和瓶盖进行配对；还投放了图形与图板，让幼儿进行形状配对；同时还投放了数字和动物图片，让幼儿数数图片上动物的数量并与对应数字进行配对。除此之外，教师还根据幼儿的发展水平提出不同的操作要求，如在排序活动中，对于能力强、水平高的幼儿让他们进行自由排序或者按几种规律同时排序，而对于能力比较弱的幼儿，只要求他们按照一种规律进行排序。

在投放益智区活动材料时，教师不仅要考虑材料是否符合幼儿已有的经验和水平，还要及时关注幼儿在活动中的变化，根据需要不断调整操作材料的难度，推动幼儿的发展。如在大班幼儿进行百变方块游戏时，教师就根据幼儿发展的不同水平，投放了三个层次的材料。第一个层次的材料，目的是发展幼儿的认知能力。在投放百变方块材料的同时把完整的百变方块的简易图纸一并投放，幼儿就可以根据图纸进行拼摆，最终完成百变方块的拼图；第二个层次的材料，目标是发展幼儿的观察能力和操作能力。这时教师把图

纸拆分成大小不同的几组，让幼儿根据小组的图纸完成百变方块拼图，最后再将每组图进行组合，成为一张完整的百变方块拼图。幼儿在第一层次材料操作中已经对百变方块有了初步的认识，了解了它的形状和玩法，因此在第二个层次中他们只要通过认真的观察和操作就能很快完成。第三个层次的材料，目的是培养幼儿的创造力。教师了解了幼儿的水平后，提供的材料变成了一个图纸的框架，让幼儿自主地进行填充。虽然这个层次的材料对于玩百变方块水平一般的幼儿来说有一定的难度，但却是适合那些玩百变方块水平较高的幼儿，他们已经在之前的操作体验中获得了较为丰富的经验，能根据框架进行创造性的巧妙组合，最终完成任务。在益智区注重材料投放的层次性，不仅能引导幼儿由浅入深、循序渐进地进行操作获得经验，而且能够让不同水平的幼儿根据自己的兴趣需要自主选择材料，促进他们获得发展。

（三）基于幼儿兴趣，投放低结构活动材料

高结构材料往往含有比较明确的目标，虽然能够帮助幼儿在操作中尽快达成目标，但是幼儿想象力和创造力的发展却受到了束缚，从而让幼儿失去了游戏的兴趣。而富有创意的、能够千变万化的低结构材料，却能够满足幼儿想象与创造的需要，推动幼儿的主动建构。

在益智区投放低结构材料对幼儿来说更具有挑战性，让幼儿面临挑战，就能真正调动幼儿原有的经验去建构新经验，让幼儿尽最大努力去学习，所以投放低结构材料，让幼儿面临挑战是非常重要的。课题组教师在投放益智区材料时充分考虑幼儿的兴趣，投放了大量具有挑战性和创造性的低结构材料。幼儿在摆弄操作这些低结构材料的过程中，不断尝试、探索，发现新的玩法，激发创造的愿望，建构新的认知，获得新的经验，在反复的操作、探索、挑战中获得积极主动发展。如七巧板、磁力片、百变魔珠、玩具拼插棒等材料，幼儿爱不释手，在操作摆弄中认真、专注、积极主动、动手动脑，变换出多种不同的玩法，提高了他们思维的敏捷性、灵活性。

除了购买的一些低结构材料外，课题组教师还搜集生活中废旧的低结构材料投放到益智区，如雪糕棒、纸杯、瓶盖等，这些材料没有固定的玩法，但是在不受限制的玩法中，幼儿自己尝试、探索、想象，摸索出更多丰富多彩的玩法，促进了他们想象力、创造力和思维能力的发展。

（四）追随幼儿需要，动态化调整活动材料

无论多么新颖有趣的材料，如果总是没有变化，时间久了幼儿也会失去对游戏的兴趣。当幼儿对材料失去兴趣或游戏中遇到困难选择放弃时，教师要及时根据幼儿的需要和实际情况进行调整，删减或添加，让材料变得动态化、多元化，激起幼儿重新进行游戏的欲望。如在大班益智区"量一量"活动中，开始教师为幼儿提供了吸管、水彩笔、毛线、记录表，让幼儿量一量书、桌子等物品，进行了几次游戏后，发现幼儿对测量他们的身高非常感兴趣，于是教师又投放了卷尺、皮尺、直尺、绳子等工具，看到新添加的材料，幼儿的兴趣更加浓厚，纷纷尝试测量小伙伴的身高。再如，小班卷纸棍游戏中，开始教师只提供了报纸，幼儿尝试了一两次之后感觉太难，就放弃了，老师发现后，投放了彩色折纸、广告纸，但还是有部分幼儿不能卷成小棍，教师又投放了吸管、小棒等辅助材料，这次幼儿很快就掌握了卷小棍的技巧，熟练后，不用这些辅助材料也能顺利卷成小棍。再比如，在拼图活动中，幼儿掌握了 8 块、9 块数量的拼图，就可以投放 12 块、16 块的拼图，进而是 18 块、24 块等。再如，在玩"车牌号码"的游戏时，一开始提供的材料都是让幼儿在桌面上进行操作，但是玩过几次之后，幼儿就失去了游戏的积极性。后来教师把材料进行了加工改造，把场地也转移到了教室外空出来的走廊上，把小汽车停在这里，为幼儿创设了一个非常逼真的停车场，幼儿就可以在停车场完成插汽车号码牌的游戏。这样的材料调整唤起了幼儿的生活经验，使活动更加具有可操作性，充分地激发了他们的兴趣。由此可以看出，材料动态的变化与调整，激发了幼儿参与益智区活动的主动性、积极性。

皮亚杰说，认知是一个积极主动的构建过程。在这个过程中，幼儿对事物的认知和理解是通过他们自身的感知和活动形成的。由此可见，益智区的材料投放需要教师基于幼儿的兴趣提供丰富的、适宜于幼儿发展水平的材料，并且不断根据幼儿的发展需要进行动态化的调整，使幼儿主动参与益智区活动，促进其智力发展。

参考文献

[1] 卢娜.幼儿大班益智区材料的投放与指导 [J].教育界.2017 (5)：109-111.

[2] 教育部.3—6岁儿童学习与发展指南.2012.10.

[3] 倪爱娟.幼儿园益智区材料投放及策略 [J].教育.2017 (12)：66.

培养大班孩子坚持性的有效策略

心理学指出，坚持性是指在较长时间内，连续地自觉按照既定目的去行动，不怕挫折、失败，能克服困难，坚持达到目的的坚定意志品质。5—6 岁是孩子坚持性发展的关键期。在日常生活中我们常常听到一些家长抱怨：我的孩子做事时，一开始还能认认真真，时间稍长不是马马虎虎，就是不干了；我的孩子总是一会儿做这、一会儿做那，一点耐心也没有；我的孩子平时挺好的，可是一遇到有挑战性的任务，就犹豫不决，不敢前进了。由此可以看出，帮助孩子改变做事随意、想做就做不做就算、缺乏坚持性、遇到困难容易退缩的现象是非常必要的。我们借助具体案例，引导家长认识培养孩子坚持性的重要意义，并提出了具有可操作性的建议，帮助家长创设有准备的环境，培养孩子的坚持性，为培养孩子健全人格打下良好的基础。

案例：

坤坤快 6 岁了，是一个活泼开朗的男孩，喜欢各种活动，也喜欢做很多事情。但他有个不好的习惯，就是每次做事总是马马虎虎，或者遇到一点困难就放弃了。

星期六晚上，吃过晚饭，坤坤妈妈说："坤坤，今天上了绘画和钢琴课，快去完成老师布置的作业，明天还有口才课，再把上周学的绕口令练一练。"

坤坤画了一会儿画，说："妈妈，这幅画不好画，明天我去奶奶家画吧。"

妈妈说："曲子是下午新学的，趁着老师刚刚教过，你先练习熟练了，一会儿再去把画画完。"

坤坤弹了一会儿琴说："妈妈，这一小节太难了，我下次再练吧。"

说完，坤坤就又去画画了，十分钟过后，图案画完了，颜色还没涂，他扔在一边又去拼乐高汽车了。

妈妈又说："坤坤你的画还没画完，涂完颜色再去拼乐高。"

坤坤边拼乐高，边说："我还没想好涂什么颜色，明天去奶奶家了再涂吧。"

过了一会儿，坤坤说："妈妈，这个卡车底座的说明书我看不懂，明天和爸爸一起拼吧。"

妈妈说："那你快练练绕口令，明天还要上课呢。"

坤坤说："上次的霸王龙大拼图还没拼完呢，我要去拼霸王龙的拼图。"

几分钟之后，坤坤说："这个霸王龙的拼图太多了，妈妈你和我一起拼吧？"

妈妈看了看时间，已经9点了，就说："今天时间太晚了，先别拼了，快再练几遍绕口令，就该睡觉了。"坤坤说了一遍绕口令就去睡觉了。

分析：

通过与坤坤家长的交流，发现坤坤的父母非常重视对坤坤的教育，希望坤坤能多学习一些特长，给他报了绘画班、钢琴班、口才班、乐高教育，每天下午放学后和周末的时间不是在上兴趣班，就是在完成兴趣班的"小任务"。由于父母工作忙，平时坤坤都是爷爷奶奶带，周末时跟着父母。在孩子完成"小任务"的时候，爷爷奶奶看着孩子小，心疼孩子学的东西太多，希望孩子早点完成，能有时间玩玩，于是每次孩子做任务时，不是在旁边指导，就是代替孩子完成；而父母觉得坤坤快上一年级了，他自己的事情就该自己完成，培养其独立性，坤坤做什么事情可以自己决定，不能过于干涉。基于以上了解，分析原因如下：

一、家长的教养方式不一致

不同的教养方式会对孩子造成不同的结果。坤坤的爷爷奶奶心疼孙子，总是在坤坤做事时，给予孩子不同的提示和帮助，如坤坤画画正在考虑要涂什么颜色时，奶奶总是说："天空涂蓝色的，草地涂绿色的，蝴蝶涂黄色的吧。"当坤坤拼插乐高玩具，遇到困难时爷爷总是说："我来吧。"爷爷奶奶的教养方式使坤坤遇事不爱动脑思考，有了困难不能坚持克服，习惯依赖于大人的帮助。而他父母的做法，则让坤坤过于自由，做事没有条理、没有计划，不能很好、很认真地坚持做好一件事。

二、任务过多，孩子应付公事

父母的期望值过高，给孩子的任务过多，孩子就会失去耐心、应付公事，草草完成。案例中，坤坤妈妈给他报了 4 个特长班，有时一晚上要完成两三个任务，坤坤就只能每个事情做一做，而不能深入地坚持去做好。

三、家长没有有意识地培养孩子的坚持性

孩子做事缺乏坚持性与其年龄有关，5—6 岁的孩子喜欢自己动手，尝试不同的事物。但因其身心发展特点，其自我控制能力还比较差，注意力也不容易长时间集中在某一事物上，意志也不够坚定，遇到困难时易打退堂鼓，缺乏坚持性。那么孩子坚持性的培养，也就需要成人的提醒和引导。案例中坤坤的爷爷奶奶当孩子一遇到困难就赶快帮忙解决，没有给孩子提供克服困难、坚持完成任务的机会，而爸爸妈妈过于宽松的教养方式，也没能培养孩子坚持做好一件事再去做另一件事情的意识。

建议：

一、统一教养方式，培养孩子坚持性

教养方式的不一致，容易让孩子做事没有主见、无所适从。要想让孩子从小具有良好的坚持性，就需要祖辈和父辈协商好，保证家庭教育的一致性。

1. 给孩子思考的空间，体验坚持的快乐。

5—6 岁正是孩子乐于探索、积极尝试新事物的时期，家长不要对孩子进行过多地干预与帮助。当孩子遇到困难时，应给予孩子独立思考的空间，让孩子独立完成。如案例中坤坤画画涂色时，如果奶奶让坤坤自己思考后完成涂色任务，他就会体验到自我创造的快乐；当坤坤拼乐高玩具遇到困难时，如果爷爷让坤坤自己根据说明或者给予必要的提醒，引导他坚持完成拼插，他就会体验到克服困难坚持到底的喜悦。

2. 做好规划，让孩子学会有条理地做事。

虽然心理学研究表明：孩子的坚持性是随着年龄的增长而不断提高的，但是坚持性也不是自然而然就能提高的，需要成人有意识地进行培养和引导。

（1）不宜一次给孩子安排过多的任务。5—6 岁孩子的有意注意、专注力和坚持性还不是很强，任务太多，孩子就不会用心去做，有时为了完成任务孩子会压力过大，给孩子造成困惑，造成心理上的影响。案例中，坤坤妈妈一个晚上给孩子布置了绘画、练琴、转魔方三项任务，对不到 6 岁的坤坤来说就有点过多，完成起来就比较困难。坤坤妈妈可以减少孩子的兴趣班，让孩子选择自己最喜欢的一个或者两个。这样不但可以减轻孩子的负担，还能给孩子留出更多的时间，去高质量地完成要学的内容。

（2）合理规划时间，让孩子一次做好一件事。当孩子有两项或多项任务要完成时，家长要引导并帮助孩子合理规划好时间，引导孩子一次做好一件事。帮助孩子想好先做哪一件事，做好后再做其他事情。如案例中周六坤坤学了绘画和新曲子，第二天还要上口才课，妈妈就可以和孩子商量：绕口令已经练过几次了，今晚先练一练，这样坤坤就能利用较短的时间，很好地完成绕口令的练习。练完后休息一下，然后再根据时间和孩子的兴趣练习钢琴曲，如果曲子比较长，或者对孩子来说有难度，就不要要求孩子一个晚上就练熟，可以先练习其中的一段，第二天再练习另一段；也可以和孩子商量好每天练习半个小时，把这半小时的任务完成好就可以了。画画的事情就可以放到其他的时间再一次性完成。

二、从兴趣出发，培养孩子的坚持性

"兴趣是最好的老师"。对于做自己感兴趣的事情，孩子们就会充满无限热情，兴致勃勃地去做，而且也能够更专注、更投入、长时间地去做，即使遇到困难也会主动想办法解决，不会轻易放弃。家长可以通过观察来了解孩子有哪方面的兴趣，有些孩子可能具有某方面的天赋，对某一项活动兴趣浓厚，但更多地还是需要家长主动去引导和培养。家长可以通过故事、与孩子共同游戏、带孩子参加有趣的活动培养孩子的兴趣。如利用孩子的好奇心，鼓励孩子养一种植物，每天给植物浇水，观察它的变化，引发孩子对植物生长过程和条件等的兴趣，更要通过潜移默化的行为来培养孩子的兴趣，激发孩子做事的热情，让孩子更积极更主动，更加专注地投入到他喜欢的活动中。

三、确立目标，培养孩子的坚持性

5—6岁孩子的有意注意有了一定的发展，除了孩子感兴趣的活动之外，对于其他活动，让他们了解活动的目标和结果也有助于他们能够长时间地坚持做完一件事。比如，今天是"三八"妇女节，请孩子给妈妈做一件礼物，表达对妈妈的爱。这时孩子会认真并坚持完成一件作品送给妈妈，并且能够获得成就感和妈妈爱的回馈，有助于孩子在以后的活动中能够更加认真并坚持到底。明确了做事的目标，慢慢地孩子的坚持性就会越来越好。值得注意的是，由于孩子还比较小，活动的目标，一定是孩子可以理解的，并且能够很快就实现的，而不要给孩子讲太多的大道理，因为太遥远，无法触及目标和结果，对孩子来讲是没有吸引力的。比如，孩子问妈妈为什么要学舞蹈？妈妈说："学舞蹈可以让你长大了体型更加柔美，气质更加优雅，可以帮你找一份好工作。"这对一个五六岁的孩子来讲基本上是"对牛弹琴"。这时妈妈就可以说："学舞蹈可以让你多了一种本领，能让你变得更好，更自信，还可以锻炼身体，让身体更健康。"孩子就会更容易接受和坚持。

四、鼓励与表扬，培养孩子坚持性

当孩子遇到困难或不感兴趣的事情时，往往容易放弃，这就需要家长给予及时的鼓励和引导。如果家长让孩子随心所欲地想做就做，不想做就放弃，孩子就无法形成具有坚持性的良好品质。所以，当孩子放弃的时候，家长可以通过鼓励和表扬的方法引导孩子坚持下去，并完成任务。当孩子克服困难，取得成功时，就会帮助孩子建立自信。如人物画比较难画，当孩子不会画小朋友时，家长可以引导孩子想一想：小朋友身上都有什么？头是什么形状的？头上有什么？眼睛可以怎么画？这样一步一步引导孩子边思考、边画，家长对于孩子的每一步都给出适宜的鼓励和表扬，孩子就会克服困难，完成作品。当孩子看到自己克服困难完成的作品时，就会充满自信，再遇到困难时，就会主动想办法解决，不再轻易放弃。

五、制订计划表，鼓励孩子坚持到底

清晰合理的计划能够帮助我们轻松顺利地达成目标，对于做事随意，不能坚持到底的孩子来说，家长可以引导孩子一起制订一个简单易操作的计划表，帮助孩子慢慢养成做事认真的好习惯。比如前面提到的鼓励孩子每天给植物浇水，观察它的变化。家长就可以和孩子一起制订一个表格，在孩子完成任务后，把浇水的时间、植物的变化等记录在表格中，这样不但让孩子能够长久地坚持完成一件事情，也让孩子通过清晰比较进一步认识到植物的生长变化，并且能够让孩子养成做事有计划的良好习惯，当孩子步入小学后，也能帮助孩子尽快适应小学生活。

5—6岁的孩子正是好奇、好动、可塑性强的时期，作为家长我们要从孩子的兴趣出发，有意识地培养孩子的坚持性，帮助他们形成做事坚持不懈、持之以恒，勇于面对困难的意志品质，为他们形成健全的人格打下良好的基础。

参考文献

［1］陈帼眉，学前心理学［M］．北京：北京师范大学出版社，2015（1）：471.

［2］沈徐翔，注重对幼儿坚持性的培养［J］．教育科学论坛，2011（06）：52.

［3］李季湄，冯晓霞，3—6岁儿童学习与发展指南解读［M］．北京：人民教育出版社，2013（3）：295.

利用"科学"游戏让孩子乐于探索

鼓励孩子主动探究、动手操作是儿童科学教育的主要渠道。家长作为孩子的引导者、陪伴者和参与者，对孩子科学探索活动的支持和引导，会使孩子逐渐深化对事物的认识，并获得解决问题的经验和策略。而在日常生活中我们常常听到一些家长说："我的孩子像个小科学家一样特别喜欢探索活动。"还有一些家长说："我的孩子也喜欢科学探究活动，可是我不知道如何引导。"那么，作为家长，我们如何在温馨的家庭氛围中陪孩子一起玩转科学呢？

案例：

5岁半的硕硕好奇心特别强，喜欢探索各种各样的事物，什么事情都喜欢去尝试一下。

一天晚上，硕硕在玩电动汽车，跑着跑着，汽车不动了。硕硕拿起来，左看右看，研究了半天也不知道怎么回事，他就去找爸爸。

他说："爸爸，我的汽车不会动了，是为什么呢？"

爸爸拿起来看了看说："是不是没电了？换个电池试一试吧。"说着爸爸就拿来了新电池。

硕硕说："我先来试试，不会了再问你。"他看到放电池的地方两边不一样，一边是平的，一边有弹簧，便好奇地问："这个装电池的小盒子是不是也有正极和负极呢？"

爸爸说："是的。"

硕硕说："那盒子里哪一边是正极，哪一边是负极呢？"

爸爸说："你仔细看一看，猜一猜，再试一试，安装对了，小汽车就会跑了，就知道哪边是正极，哪边是负极了。"

硕硕听完就认真地研究起来，左看看，右看看，然后把电池放进去，他发现电池的正极对着盒子负极的时候很难按，因为弹簧和正极小"疙瘩"总是接不起来，他换了一个方向，很快就安装好了，然后一试，汽车又跑了起来。他兴奋地说："哦，我知道了，平的一边是正极，带弹簧的一边是负极，刚才我还看到正极的一边有个'＋'，负极的一边有个'－'，电池上面也有'＋'和'－'，太神奇了！"

玩了一会儿，硕硕的好奇心又来了，他问："为什么小汽车有电了就会跑呢？"……

分析：

一、乐于探索是孩子的天性

孩子天生喜欢新事物，对未知世界充满兴趣和探索欲望。5—6的孩子有着与生俱来的探究热情，好奇、好问、乐于探索是他们的天性，他们总是像科学家一样，充满活力地去探索周围的世界。他们喜欢在游戏中探索，在生活中发现；他们喜欢提出千奇百怪的问题，喜欢主动地寻找问题的答案。如案例中的硕硕，他在玩小汽车的游戏中，萌发了对电池的好奇心，提出了一个又一个的问题：为什么装电池的盒子两边不一样？安装电池的时候，是不是正极对正极，负极对负极？装电池的盒子哪一边是正极？哪一边是负极？为什么小汽车有电了就会跑呢？……这一个个看似简单的问题，却是孩子积极探索世界的体现。正是这简单而具有价值的问题激发了孩子科学探索的兴趣，给了他们打开通往科学世界大门的钥匙。

二、孩子的好奇心需要保护

《3—6岁儿童学习与发展指南》中指出："幼儿科学学习的核心是激发探究兴趣，体验探究过程，发展初步的探究能力。成人要善于发现和保护幼儿的好奇心。应注重引导幼儿通过直接感知、亲身体验和实际操作进行科学学习。"好奇心是孩子探究的动机基础和内在动力，正是由于强烈的好奇心使孩子保持探究的热情和积极性。成人对孩子好奇心的保护，能够激发孩子更加积极主动地去探索。在本案例中，当硕硕要求自己换电池时，爸爸没有制止，给硕硕提供了亲身体验和操作探索的机会；当硕硕问"盒子里哪一边是正极，哪一边是负极"时，爸爸没有不耐烦，也没有直接给出答案，而是引导硕硕去观察，猜想并尝试验证，让孩子自己去寻找答案。这不但保护了硕硕的好奇心，也让他在动手动脑中，发现了盒子里哪边是正极，哪边是负极，找到了安装电池的方法，解决了问题。爸爸的"放手"及启发式的引导方式，引发了硕硕积极的思考，激发了他探索的兴趣，让他体验到了探索的乐趣。在这些探索尝试中，硕硕的探究能力也得到发展与提高。

建议：

一、选择适宜的科学游戏，为孩子乐于探索创造条件

《幼儿园教育指导纲要》指出："游戏是幼儿的基本活动。"科学探索游戏也是孩子最喜欢的活动之一。孩子的科学探索活动是"做"科学而不是"讲"科学，为孩子创设科学游戏的情境，选择适宜科学游戏的内容，让孩子在亲历和参与中养成乐于探索的精神。

1. 选择符合孩子年龄特点的科学游戏

孩子的年龄特点决定了他们认识世界的方式以直接经验为主，因此在选择科学游戏时要选择符合幼儿认知特点的活动内容，才能充分调动孩子积极探索的精神，让孩子体验到挑战游戏的快乐，发挥孩子参与游戏的主动性。如在玩磁铁的游戏时，5—6岁的孩子再来了解磁铁吸铁的特性已经不合适了，而是应该让孩子进一步探索磁铁怎样能够吸起非铁质的物品，还可以探索磁铁的磁化现象及磁铁的穿透力等，这对他们来说更加具有挑战性和探索的意义。

2. 选择贴近孩子生活经验的科学游戏

贴近孩子生活的游戏是孩子能够理解的、容易做到的，也是他们感兴趣的、生动鲜活的、具体的游戏。把孩子身边的事物和生活中常见的现象作为孩子探索的游戏，能够满足孩子的兴趣和需求，也可以激发他们自发、自主地参与游戏，还能够让他们感受到科学就在身边，如自制泡泡水、沉浮实验、摩擦起电、有趣的影子等，都是孩子生活中常见的现象。在经历了这样的科学小游戏后，孩子们能够获得最为真实的直接体验，感受到探索游戏的快乐，从而更加乐于探索。

二、珍视孩子的提问，为孩子乐于探索提供支持

爱因斯坦指出："提出一个问题比解决一个问题更重要。"问题是孩子科学探究的起点和动力。孩子真正的探究始于问题答案的追求，孩子的探究实际上就是对感兴趣的问题通过直接感知、亲身体验和实际操作寻求答案的过程。孩子只有发现问题才能引发思考与思维的创新。针对孩子提出的问题，就算看起来非常幼稚、非常天真的问题家长都应该及时鼓励，尊重他们的想法和观点，支持和引导他们积极进行猜想和假设，创造条件支持孩子通过观察、调查或有趣的小实验来探寻问题的答案，培养孩子不断探究、无限创新的思维品质，避免对孩子思维、想象、探究能力的束缚。这样才能更好地满足孩子对世界的好奇心和探究的需求，使他们体验到游戏的快乐，获得自由发现的满足。案例中，硕硕的爸爸对孩子一个又一个的问题都给予了积极的引导，引发了硕硕不断深入地进行思考，并在解决问题的过程中不断提出新的问题。"刨根问底"是幼儿积极主动探究倾向的表现，在5—6岁时比较明显，因此家长要予以支持和鼓励，并创造条件支持和帮助孩子自发目标的达成。

三、允许孩子"犯错"，为孩子乐于探索营造氛围

心理学家罗杰斯认为："心理的安全和心理的自由，是促进创造性的两个重要条件。"孩子的探索也是一种创造性的活动，需要安全、温馨的心理环境来支持。在科学探索活动中，孩子出错是常见现象。由于孩子年龄小，活动的经验和操作的水平还比较欠缺，但正是在犯错的过程中，这些不断修正、不断改进积累起来的探究经历和经验，对孩子在科学探究活动发展中具有建设性的意义。因此，作为家长要允许孩子出错，给予他们犯错的权利，并且以平和的心态接纳孩子的错误认识，不要急于否定孩子，更不能批评指责孩子，应该认真倾听他们的想法，判断和识别他们的认知水平，为进一步引导和支持他们的探究提供依据。

当孩子积极热情地投入探索活动时，难免会弄脏衣服，弄乱或者弄坏物品，甚至会出现成人认为的"破坏性"行为，如把洗洁精和洗衣液倒进水里看看哪个能造出泡泡，拿做饭的漏勺看看能不能吹出泡泡，把闹钟拆开看看谁藏在里面，把机器人玩具拆了装、装了拆，等等。这些行为都是孩子在进行热情尝试、积极探究的表现，家长首先要宽容、接纳、尊重，再给予适当的引导。

参考文献

[1] 董旭花，幼儿园科学探索活动指导117例 [M] . 北京：中国轻工业出版社，2011（2）：78.

[2] 秦旭芳，沈文，家长指导幼儿进行科学探究的价值、身份及策略 [J] . 教育导刊，2010（10）.

[3] 李季湄，冯晓霞，3—6岁儿童学习与发展指南解读 [M] . 北京：人民教育出版社，2013（3）：295.

小游戏也能提升孩子专注力

专注力是一切学习的基础。专注力高的孩子，做事效率高，容易产生自信和成就感，并且会对学习产生持久的兴趣和愿望，因此，良好的专注力是孩子今后学习的有力保障。但是，专注力不是天生的，它需要后天的培养。游戏是培养孩子专注力的重要途径之一，而在日常生活中家长往往忽略了游戏的这一教育价值。那么作为家长，应该如何利用生活中的小游戏，提升孩子的专注力，培养孩子积极学习的品质呢？

案例：

5岁半的轩轩喜欢走迷宫，找不同，用乐高玩具拼插汽车、飞机等各种游戏，在班里小朋友们都喜欢和他玩，因为他总是能帮大家解决很多问题，上课时也非常专注，善于思考并回答老师提出的问题。

但是轩轩妈妈对轩轩的表现却非常不满意。她认为孩子马上就要上一年级了，现在幼儿园里又不让学习拼音、识字，很多朋友的孩子都报了拼音、阅读、识字班，轩轩却不喜欢去。妈妈总唠叨要是现在不学，上了一年级跟不上怎么办？就利用周末的时间教轩轩学习拼音与识字。

周日下午妈妈从外面回来，在小区门口正好碰到楼下的文文刚从识字班回来，就急急忙忙赶回家。

妈妈问："轩轩，妈妈让你写的拼音写完了吗？"

轩轩说："我在走迷宫，走完了就去写。"

妈妈说："怎么还玩迷宫，我出去的时候，就给你说让你写，到现在都快一个小时了，怎么还没写？"

轩轩说："这本迷宫好复杂、好有意思，还有几页就全部走完了，我就快成功了。"

妈妈说："都玩了这么长时间迷宫了，快去写拼音，写完再玩，人家文文都从识字班回来了，你还一个拼音没写呢，快去快去。"

轩轩说："马上就去，就剩两页了。"

妈妈说："这破迷宫有啥好玩的，别人都上拼音识字班，就你不去，妈妈教你，你还不写，不行，必须先写完。"妈妈一边生气地大声说着，一边把轩轩手里的迷宫书夺走，把拼音本塞到轩轩手里，还不停地催促着："快写快写。"

轩轩无奈地打开本子，一边写，一边不停地抬头看放在柜子上的迷宫书。

分析：

和轩轩妈妈抱有相同想法的家长有很多，他们认为孩子马上就要上一年级了，就不能再像中、小班一样整天"沉迷"于游戏，而是应该把更多的时间用来学习拼音和认识汉字，这样孩子到了一年级就能很快适应小学生活，学起来也会轻松很多，其实这种观点是不正确的。

一、缺乏对游戏教育价值的正确认识

游戏是孩子的基本活动，陈鹤琴先生指出："游戏是儿童的心理特征，游戏是儿童的工作，游戏是儿童的生命。"游戏的目的不仅仅是让孩子玩，而是在于引发、支持与促进孩子的学习。一个好游戏可以吸引孩子的注意力，可以让孩子的注意由无意注意转化为有意注意，使孩子从被动学习转化为主动学习，可以让孩子更加专注地投入到活动中。

皮亚杰认为，孩子从游戏中学会控制自己的行为，由此获得快感，游戏行为因而不断出现。正是在不断地游戏中，孩子的自控能力、坚持性、专注力才能得到不断提升，而且在游戏中孩子的思维能力、创新能力、解决问题的能力等各方面能力也都获得了发展。案例中轩轩的妈妈没有充分认识到游戏的教育价值，这种重识字轻游戏的教育观念是不正确的。

二、要正确认识孩子投入游戏的内在价值

从案例中我们可以看出轩轩是在较长的时间里热情而投入地进行迷宫游戏，这种热情与投入结合在一起的体验被称为"意识流"。意识流是指"人们非常专注于手头的任务，以至于他们失去了时间和空间意识"。轩轩在近一个小时的时间里专注于迷宫游戏，忘记了妈妈布置的写拼音的任务，也不知道自己玩了多长时间，作为家长要保护和支持孩子的这种热情与投入，让他感受学习的激情，感受到兴趣、好奇、快乐，并深深地投入到这个有挑战的活

动中。而妈妈的做法却是多次打断轩轩思路，阻碍了他投入地、深度地参与迷宫游戏。当轩轩无奈地拿起拼音本时，也在不断地想着他的迷宫游戏。

建议：

一、创设适宜的游戏环境，为提升孩子专注力提供保障

蒙台梭利说："环境就像人类的头部，影响着孩子的整体发展。"孩子专注力的培养需要一个安静适宜的环境，好的环境可以让孩子的专注力得以持续。

1. 设置有秩序的空间环境

有秩序的环境，会让孩子更加专注、坚持和自我约束。5—6岁的孩子已经分房睡了，家长可以在孩子的卧室里有秩序设置几个游戏区，让孩子专心做事。如带有地垫、玩偶的舒适的读书区，带有适宜灯光和学习桌的学习区（绘画、手工制作都可以在这里完成），能够探索的科学、益智类玩具区，准备玩具柜或收纳箱便于孩子拿取和收放玩具材料，布置一块墙壁展示孩子的绘画、手工作品等。有条件的还可以在书房里或其他房间和孩子一起协商布置孩子喜欢的游戏环境和区域。

2. 创设温馨的心理环境

孩子活泼好动、自制力差，无意注意占优势，一切好奇多变的事物都会引起他们的注意，干扰他们正在进行的活动。在家庭中，家长的行为、电视节目、嘈杂的声音都会对孩子专注力的培养产生重要的影响。因此家长要给孩子创设一个安静温馨的心理环境，让孩子专注于自己的事情。首先，孩子游戏时，家长不要大声交谈；其次，孩子做事时，家长不要看电视；第三，更不要做玩手机或打牌等严重影响孩子的事情；第四，不打扰孩子的游戏，如当孩子读书时，不要强迫他去做其他的事情，当孩子做手工时，不要随意指点，也不要夸奖他，给孩子一个自主游戏的空间，让他带着愉悦的心情投入地去工作。

二、挖掘游戏的教育价值，为提升孩子专注力提供支持

苏联心理学家曾做过这样一个实验：让孩子在游戏和单纯完成任务两种不同的活动方式下，将各种颜色的纸分装在与之同色的盒子里，观察孩子注意力集中的时间。实验结果发现，在游戏中6岁的孩子可坚持71分钟，而且分放纸条的数量比单纯完成任务时多50%。在单纯完成任务的形式下，同龄的孩子只能坚持62分钟。实验结果表明，在游戏活动中，孩子的专注力集中程度和稳定性更强。因此，作为家长，要充分挖掘各类游戏的教育价值，在游戏中培养孩子的专注力。

1. 科学、益智类游戏

孩子喜欢用各种感官去亲身体验世界，喜欢主动探索与尝试，科学游戏及益智类游戏都给孩子提供了动手操作的机会，吸引着孩子充满热情地投入到游戏中，进行不断地尝试，他们通过观察、猜想、探索、对比、验证等方式解决问题。在解决问题的过程中，孩子的坚持性、专注力不断得到提升。如案例中的轩轩在近一个小时的时间里专注于迷宫游戏，如果不是妈妈打断，他还会投入地继续。科学、益智类游戏种类有很多，如磁铁、沉浮、空气的探究、拼图、下棋、找不同、扑克牌等游戏。家长可以充分利用这些小游戏，提升孩子的专注力。

2. 绘画、手工游戏

孩子绘画能力的初步发展是书写技能发展的基础，手工制作活动可以促进孩子手的动作的灵活性与协调性。当孩子沉浸在绘画或手工制作活动时，其整个身心都会投入到他自己想象的世界里，专注力就是在孩子投入地做游戏中得以提升的。如当孩子认真地进行一幅绘画作品时，他的状态是积极而投入的；当孩子在为娃娃的衣服钉扣子时，为了不扎到手，他的神情是认真而专注的。

3. 听说、阅读游戏

《3—6岁儿童学习与发展指南》（后称《指南》）中语言倾听和表达的目标，要求5—6岁孩子能注意听别人讲话，听不懂或有疑问时能主动提问，愿意与他人讨论问题，敢在众人面前说话，并有序、连贯、清楚地讲述一件事，这就要求孩子在听说游戏中，认真而专注地听别人讲话，才能听得懂，并且记住理解别人的意思，从而表达自己的想法。如在传悄悄话游戏中，孩子要专注地听传话人说的话，才能完整地用同样的形式把听到的话传给下一个人；再比如口令游戏，当家长说口令时，孩子必须认真地听，才能知道家长发出的口令是什么，方能按要求做动作，这些小游戏都能有效地培养孩子的专注力。

早期的阅读理解经验将为孩子未来的阅读理解能力成长奠定扎实的基础。《指南》对5—6岁孩子的第一个阅读目标要求是专注地阅读图书。符合孩子年龄特点、富有童趣的图画书能够引发孩子的兴趣，吸引孩子的注意力，促进孩子专注地阅读。家长要给孩子提供优质的图画书和安静的阅读环境，保证孩子能够自主而专注地进行阅读。

参考文献

［1］陈帼眉，学前心理学［M］．北京：北京师范大学出版社，2015（1）：471.

［2］黄人颂，学前教育学［M］．北京：人民教育出版社，2016（7）：473.

［3］［美］，马里奥·希森著，霍力岩，房阳洋、孙蔷蔷译，热情投入的主动学习者，［M］．北京：教育科学出版社，2016（4）：211.

［4］张楚廷，教学论纲［M］．北京：高等教育出版社，2001（6）：420.

［5］董旭花，李芳，幼小衔接——帮孩子轻松上小学［M］．北京：中国轻工业出版社，2015（10）：105.

［6］李季湄，冯晓霞，3—6岁儿童学习与发展指南解读［M］．北京：人民教育出版社，2013（3）：295.

家园共育，尽情绽放传统文化之美

　　作为承载中国传统文化的节日，因其特有的情境性、感染性、娱乐性、实践性等特征，具有重要的教育价值，不仅能促进孩子社会性发展、培养其动手动脑的能力，更能在潜移默化中让孩子习得传统美德。幼儿园通常会在传统节日里组织相关的活动，并邀请家长参加，家长积极参加幼儿园组织的传统节日亲子活动，不仅能够陪伴孩子一起感受传统文化之美，也加深了亲子之间的情感交流，是实现家庭、幼儿园、社区教育合力的有效途径。

　　案例：

　　米娅上大班了。一天放学，爸爸来接她，她兴奋地告诉爸爸："爸爸，爸爸，明天我们幼儿园要过中秋节，老师说让家长参加，一起做月饼，你能来吗？"

　　爸爸说："明天我要去进货，让你妈妈去吧。"

　　回到家，米娅看到妈妈在忙，高兴地跑过去说："妈妈，妈妈，明天幼儿园过中秋节，我们要做月饼，老师说让家长来，你来和我一起做吧。"

　　妈妈边忙，边回答："我看到老师发的信息了，但是妈妈没空，明天你爸爸要去进货，我得看店，要是去了，咱的店就得关门。我已经给老师发信息了，爸爸妈妈都没空。再说幼儿园做的月饼有啥好吃的，你要想吃，妈妈给你买去。明天你先和小朋友一起做，等下次妈妈有空了再去。"

　　米娅噘着嘴说："上次中班的时候，过端午节，你就说没空，好多小朋友的妈妈都去了。"

　　妈妈说："米娅乖，你先去玩，我在清点货物，下次一定去。"

　　米娅不高兴地说："上次你也是这么说的，不行，这次你一定要去。"

　　妈妈说："明天是真没空，我给姥姥打电话，让她陪你去吧。"

米娅更加不开心地说："又是姥姥。"

分析：

通过与米娅妈妈的交流，了解到米娅的爸爸妈妈开了一家百货商店，平时比较忙，很少陪孩子，更少参加幼儿园举办的各种亲子活动，当确实需要家长参加的时候也多是让老人代替。基于以上了解，分析原因如下：

一、家长不了解传统节日文化对孩子的教育价值

中国传统节日源远流长、博大精深，节日习俗更是丰富多样、各放异彩。在端午节、中秋节、重阳节以及春节等不同节日活动中不仅可以让孩子了解这些节日的来历、习俗，感受到家庭和睦的浓浓亲情和尊老敬祖的文化精神，而且幼儿园组织的丰富多彩的传统节日亲子活动是让孩子通过动手操作，真正理解这些节日的意义，从而产生愉悦、舒服的情感体验。如端午节，通过介绍"端午节"的由来、传说及端午节的习俗，让孩子知道端午节是我国一个十分盛行的隆重节日。然后，教师或者请一位家长示范、讲解包粽子的方法，再提供材料让孩子和家长一起动手包粽子，因为在包粽子时需要包紧粽叶，还要系好绳子，孩子在家长的帮助下比较好完成。最后大家一起品尝粽子。通过一系列的活动，"端午节"成为孩子内心热爱和期盼的节日，孩子的主动性得到发挥，动手操作能力也得到了发展。但是，随着人们生活节奏的加快、生活压力的增加，及工作的日益忙碌，传统节日的纪念、庆祝方式随着时代的变迁在不断地淡化。很多家长忙于工作，没有时间和精力去庆祝这些中国的传统节日，更没有认识到这些节日对孩子具有什么样的教育价值。如案例中，米娅的父母就没有意识到中秋节做月饼对孩子来说不仅仅只是让孩子单纯地学习怎样做月饼，更是一次让孩子感受团圆、和谐、快乐氛围的体验，凝聚亲情；让孩子从多方面领略丰富多彩的民族文化，激发他们对传统文化的热爱之情，萌发爱国之情。

二、家长缺乏对参与亲子活动意义的认识

中国民间传统节日繁多，如春节、元宵节、端午节、中秋节等，虽然每个节日都有各自的来历与风俗，但都崇尚家人的团聚与和谐。如果家长能够积极主动地参与幼儿园组织的传统节日活动，不仅可以和孩子一同感受团圆、和谐、快乐的节日氛围，更能有效地促进亲子之间的感情，让孩子尽情地感受传统文化之美。如在"闹元宵"活动中，当孩子和妈妈手捧一碗自制的元宵，你一口我一口地分享时，那是多么温馨的场面；在中秋晚会上，孩子与爸爸妈妈共同赏月，品尝丰收的果实；在重阳节时，孩子和爷爷奶奶一起游戏，参加童谣朗诵会等。这些活动，都充满着温情与快乐。幼儿园单方面的节日庆祝活动承载不了传统节日活动的全部内涵，无法代替家长参与到节日活动中，尤其是爸爸或妈妈的参与。案例中，米娅的父母多次借口工作忙不参加幼儿园组织的传统节日活动，显然没有意识到父母参与亲子活动对孩子成长的意义。从米娅一开始的期待和兴奋，到后来的噘着嘴、不高兴和更加不开心，就能看出来家长参与亲子活动对于孩子来说具有无可替代的意义。

建议：

传统节日渗透出深厚的文化底蕴，家长如何参与幼儿园开展的传统节日活动，让孩子感受中华优秀传统文化之美，使优秀的中华传统文化在孩子心中生根发芽？建议家长可以尝试以下几点做法：

一、转变观念，积极参加幼儿园传统节日活动

1. 孩子入园，需要做好家园共育

很多家长认为，孩子送到幼儿园，教育孩子的责任就是老师的事了，但家庭是人生的第一所学校，家长是孩子的第一任老师，孩子的成长需要家长的陪伴，孩子入园后更需要家园共育。为了更好地让孩子了解、感受中华优秀传统文化之美，幼儿园往往非常用心地利用中国传统的节日开展一些亲子活动，这时需要家长积极地配合幼儿园的工作，按时参加传统节日活动的开展，在参与幼儿园活动的过程中增进与园所的联系与纽带，促进家园合作。

2. 支持幼儿园，就是支持和鼓励孩子

在参加活动的过程中，家长不是被动地听老师的指挥安排，而是要主动提出建议或意见，或者承担部分家长易于开展的工作。如当幼儿园组织开展元宵节亲子逛庙会活动时，有资源的家长就可以和社区联系沟通，保障活动的顺利开展。幼儿园节日活动的信息量大、涉及面广，材料的收集仅仅靠幼儿园的力量是不够的，家长可以帮助幼儿园收集与节日有关的信息和物质材料。如在元宵节制作汤圆、花灯时，可以根据自己实际情况提供一些花灯样品或制作材料等，家长们提供的材料不但可以让活动顺利开展，还能让孩子更加开心，有被支持和鼓励的感觉，进一步增进亲子关系。

二、发挥特长，主动参与幼儿园组织的家长助教活动

为了让传统节日文化活动更加具有多样性、丰富性和专业性，幼儿园往往会根据家长们的特长，邀请他们到园参加家长助教活动。如果家长能够主动地参与助教活动，就能更好地协助老师和幼儿园完成活动目标，促进孩子快乐成长，让自己的孩子也能以家长为榜样，更加自信。如在中秋节日活动中，孩子们对各种各样的月饼产生了兴趣。于是，一位自己开蛋糕店的家长带来了制作月饼的各种材料、工具等，一边讲解一边操作，现场教孩子们制作了各种月饼，最后老师组织家长和孩子进行尝试，满足了孩子们的好奇心和求知欲，提高了他们的动手能力。

三、营造氛围，提高家庭节日活动仪式感

家庭是幼儿成长的主要环境，是幼儿园重要的合作伙伴。在幼儿园开展的中国传统节日活动的同时，家庭节日活动是必不可少的一环，因为那种轻松愉快、无拘无束的家庭氛围是幼儿园所不能给予的。只有把幼儿园节日活动和家庭节日活动有机结合、相互补充，使家园合作成为一种双向互动的活动，才能让孩子拥有更加完整而全面的体验。如春节是我国民间最隆重的一个传统节日，春节期间，人们都会进行丰富多彩的迎新年活动，有贴春联、拜大年、讨压岁钱、包饺子、逛灯会等活动。为了能让孩子感受更浓郁的过年气氛，家长就可以有意识地带领孩子参与春节的各种活动。和孩子一起贴春联，一起包饺子，和孩子一起了解年的传说，一起守岁，带孩子去长辈家拜年，让孩子知道并会说祝福的话等，让孩子充分感受春节浓浓的团圆氛围，体验人们对美好生活的向往。

总之，要让孩子在丰富多彩的传统节日活动中，增强对传统文化的了解与感受，让传统文化深深地扎根于孩子的心田，并得到传承与弘扬，就需要家长主动与幼儿园有机结合，实现家园共育，形成教学合力，让传统文化之美尽情绽放。

参考文献

［1］冯靖，依托传统节日活动促进幼儿身心健康发展［J］. 开封教育学院报，2017（01）：226.

［2］楼宴卿，幼儿园利用家庭和社区资源进行民俗传统节日教育的研究，中国知网.

［3］杨雪玲，幼儿园中的传统节日教育［J］. 基础教育参考，2012（07）：71.

开展民间游戏，促进幼儿发展

游戏是幼儿生活中不可或缺的一部分，丰富多彩的游戏活动不仅可以促进幼儿身心健康的发展，而且能增长幼儿的知识，发展智力。而传统的民间游戏，同样也给幼儿带来了许多欢乐！

民间游戏是劳动人民口头创作、流传的，深受孩子们的喜爱。它具有鲜明的民族特点和地方特色，具有一定的思想性、教育性和娱乐性。它不但符合孩子们好动、好学、好模仿、好游戏的心理，而且易懂、易会。能促进幼儿全方面发展，因此，幼儿园在一日活动中开展民间游戏是十分必要的，对促进幼儿身心发展有着非常积极的作用。

一、激发幼儿的学习兴趣

民间游戏作为一种自娱性的活动，除了有情趣外，也会有探索、发现、创造，这是游戏中潜在的学习因素，是游戏产生的学习、教育因素，是游戏产生的教育效果。

1. 有利于幼儿口语的发展

许多民间游戏附儿歌唱和，孩子必得边唱边玩，在游戏中相互交流。例如"外婆桥""网鱼""拉大锯"等民间游戏贴近幼儿生活且朗朗上口。从中他们会注意到各种不同的事物，心中有各种不同的感受，此时谈话进行口语训练，内容讲得滔滔不绝，说的兴趣越来越浓，使自己的口语能力得到了发展。

2. 引起幼儿对科学的探索欲望

（1）引导幼儿探索科学奥秘

我们正在开展的科技主题活动强调儿童自己的探索，让儿童在探索世界的过程中学习共同生活和自由表达与表现，它强调的是幼儿的实践活动。因为，当幼儿进行亲自实践时，就获得了观察和操作各种自然材料的机会，在观察和操作这些材料的过程中，幼儿认识各种事物和现象之间的相同点、差异性以及相互关系等，积累了各种丰富的经验。

例如在玩"开锁"时，通过幼儿动手操作，有意识地引导幼儿探索锁为什么打不开？怎样才能把锁打开？开锁时会发出什么声音？通过教师有意识地引导，使孩子有针对性地探索，发现一把钥匙只能开一把锁，开锁时会发出"咔嚓""咔嚓"的声音。通过活动使幼儿初步理解了游戏中儿歌的内容，又培养了幼儿探索的兴趣。

（2）激发幼儿动手创作欲望

在民间游戏开展的过程中，孩子在家长和教师的帮助下充分发挥想象，创造出大量具有民间风格的玩具材料，用圆环制作方向盘、用纸箱做小推车、用可乐瓶制作水桶，还有高跷、跳竹竿、碉堡、小旱船、沙包、降落伞、铁环、线轴车等。配合民间游戏，自然地融入孩子们的游戏、生活活动中，满足了幼儿游戏的需要，促进了幼儿探索科学能力的发展。

3. 促进幼儿对数概念的形成

幼儿数学教育应该渗透在幼儿的一切活动之中，特别是在幼儿最喜欢的各种游戏活动之中，在游戏中让幼儿获得初步数学知识，幼儿的兴趣浓厚，印象深刻。如："马兰花"，幼儿将腿编到一起，然后齐数二五六，二五七，二八二九三十一……幼儿在说说玩玩中巩固了数学十进位的概念。"跳格格"，引导幼儿边跳边数数1、2、3、4……也可按单数跳1、3、5、7、9和双数跳2、4、6、8、10。再如"弹豆子"，一方面可以发展幼儿的数数能力，另一方面又可发展幼儿的目测能力。

二、增强幼儿的身体素质

民间游戏种类繁多，对幼儿的身体发展起着多方面的积极作用。"跳皮筋""老鹰捉小鸡""丢手绢"等游戏有跳跃、躲闪、奔跑的活动，可增强幼儿各器官的生理机能。

"投沙包""滚铁环"等游戏，可以使幼儿的手、脚动作灵活协调。这些活动不仅促进了幼儿骨骼肌肉的发育，锻炼了他们的运动技能和技巧，也有利于内脏和神经系统的发育。

"揪尾巴""老鹰捉小鸡"等游戏能帮助幼儿练习躲闪的动作，发展动作的灵敏性。"抓石子""毛毛虫爬山"等游戏锻炼了幼儿手指的灵活性和手眼协调能力。民间游戏能促使幼儿机体健康和谐发展，从而增强了他们的体质。

三、促进幼儿形成良好的意志品质

民间游戏能否顺利地进行，取决于幼儿对游戏规则的掌握，以及幼儿的自我评价及别人的监督。幼儿在游戏中相互交往让他们逐渐懂得了什么是正确的，什么是错误的。这就发展了幼儿辨别是非、正确评价自我及他人的能力。同时在游戏中，幼儿会不断克服自身弱点，遵守规则，选择并忍受当前的挫折和不安，锻炼自己承受挫折、失败的能力，逐渐形成良好的情绪和意志品质。

民间游戏能帮助幼儿摆脱自我中心。游戏的规则可以帮助幼儿摆脱自我中心，向社会合作发展。每个游戏的规则是每个幼儿必须遵守的。游戏对幼儿的诱惑，会使他们控制自己的行为而遵守规则，也让幼儿从新的角度看问题。这样，幼儿在与同伴游戏中掌握了规则，从而形成人际协调的合作关系。例如：游戏"猫捉老鼠"，它的规则是，幼儿一边念儿歌"老鼠"一边一个一个从"老鼠洞"下钻过，一直念到"腊月初一"时，"猫"才可以捉"老鼠"。但是，顽皮的幼儿难以遵守，老师请幼儿想办法——只有遵守游戏规则的孩子才可以做游戏。顽皮的孩子为了能再次参加游戏而只能遵守游戏规则。游戏的规则，有的是明显的规则，有的是隐藏的规则，幼儿必须按照规则控制自己的行为，学会用规则协调关系。做游戏的快乐使幼儿愉快地服从游戏规则，约束自己。

四、促进幼儿社会性发展

1. 培养幼儿的合作意识

富有儿童情趣的民间游戏对幼儿具有很大的诱惑力，它一般都需要若干名幼儿共同合作进行，如"炒盐豆""编花篮""耍龙灯""城门几丈高"等。要想参与游戏，就促使孩子们主动去交往，随时用语言去沟通、相互模仿、相互协调，自觉遵守规则、与同伴友好相处，学会了自己解决问题、控制情绪等。在游戏中，每个幼儿都不断地变换角色，自然产生"领袖"，这时幼儿的责任感和组织能力得到充分的培养与锻炼。

2. 丰富幼儿的社会认知，培养爱家的情感

民间游戏中包括的民间歌谣具有农村特色和乡土气息，具有丰富幼儿社会认知的作用，如《秋风吹》《小小子，上南洼》等几首儿歌使幼儿懂得了尊重、孝顺父母的传统美德；《日本鬼儿》《一间破草房》使幼儿了解了旧社

会穷苦人民的悲惨生活，让孩子从小就明白要珍惜今天的幸福生活。孩子们在听、说、传、唱的过程中，发展了语言理解能力，了解了生活常识，培养了爱家乡的情感。实践证明，民间游戏不但是幼儿自我教育、自我发展的有效活动形态，也是教师在进行各种学习活动的教学中能切实提高教学效果的有效辅助手段，因而利用民间游戏的全面渗透来提高学前教育的效果，将成为幼儿园教师的最佳选择。

参考文献

[1] 陈同梅，民间游戏与幼儿素质的提高 [J]. 山东教育，2004，(03).

[2] 邱学青，论民间儿童游戏的教育价值 [J]. 教育导刊：上半月，1997，第 S2 期.

幼儿园区域活动材料投放的有效性浅析

幼儿园区域活动是以幼儿的关键经验、兴趣需要为主要依据，创设具有开放性、丰富性、挑战性的学习环境，让幼儿自主选择，与环境互动，获得个性化、全面性的发展的活动。区域活动不仅仅是作为幼儿园集体教学的补充和延续，也是课程实施的一种重要且有效的途径。苏联教育学家马卡连柯曾说过："游戏在儿童生活中具有极其重要的意义，具有与成人活动、工作和劳动同样的意义。而区域活动则成为幼儿一种自我学习、自我探索、自我发现、自我完善的活动，有着相对宽松的活动气氛，灵活多样的活动形式。"随着学习《幼儿园教育指导纲要》《3—6岁儿童学习与发展指南》以及新课程改革精神的深入，我们都能感受到区域活动对幼儿发展的重要性。

皮亚杰提出："儿童的智慧源于材料。"区域活动的教育功能主要通过材料来表现，不同的材料蕴涵不同的教育功能，不同的材料会启发儿童不同的游戏行为和思维创造。因此，我们在投放区域活动材料时，要考虑怎样有效地投放材料，发挥材料的最大价值，从而促进幼儿的发展，那么，我们如何合理地、有效地投放区域活动材料呢？

一、根据幼儿的年龄特点选择材料

幼儿的年龄特点决定幼儿的身心发展水平。因此，区域活动中应根据不同年龄段幼儿的身心特点投放不同层次的活动材料，做到有的放矢。针对小班幼儿善于模仿的心理特点和小肌肉群不够发达的生理特点，可为他们提供体积大、便于取放的材料，角色简单、分工明确的娃娃家应设在喜欢模仿、社会经验欠丰富的小班，以利于培养幼儿的交往能力。而大班幼儿动手能力强，思维敏捷，在提供材料时，则要注重多样性和精密性，以满足他们的探究和自主发展的需求。如在中班进行"家乡美"的主题时，我们结合"家乡的蔬菜"活动，设立了"多样的蔬菜市场"的活动区域，提供了很多积木、橡皮泥、纸盒，希望通过对积木、橡皮泥、纸盒的操作，来发展幼儿的想象力和创造力。刚开始，幼儿还很感兴趣，他们很快就搭建了菜场、制作了蔬菜等，但时间不长，这个区域就没人光顾了。观察到这种情况，我进行了反思：中班想象力有限，他们还不能制作很多蔬菜。为此，我们又投放了蔬菜图片、玩具。很快，这些新材料吸引了幼儿，孩子们借助这些材料搭建了丰富的菜市场。由此可见，如果材料不符合幼儿的年龄特点，是不能够促进幼儿发展的。

二、投放的材料要具有一定的挑战性

让幼儿面临挑战，就是让幼儿真正地获得新经验，真正能尽最大努力去学习，真正能调动幼儿原有的经验去建构新经验，所以让幼儿面临挑战是非常重要的。教师在为幼儿提供材料时应该注意材料的挑战性和多操作性，做到一物多用。幼儿操作摆弄的过程，也是幼儿探索→发现玩法→再探索→再发现新玩法的过程，提供多操作性的材料，使幼儿始终具有一种挑战性，不断地激发其创造的愿望，想出新的玩法，建构自己的认知，获得情绪、情感的满足，促进幼儿主动发展，如在益智区可提供五颜六色的游戏棒、七巧板，在摆摆弄弄的基础上还可有多种玩法。其次，教师为幼儿提供游戏材料时，除了提供一些成品的游戏材料，还应为幼儿提供更多的具有多功能替代性的半成品材料，如在美工区里，我们为幼儿提供了许多的玉米皮、玉米芯、各种果壳等，这些在成人眼里看似无用的东西，到了孩子手上，就变得非常有用，能激发他们丰富的想象力，制作出不同的精美手工作品。

三、投放的材料要具有层次性

首先，幼儿的发展存在着个体差异，我们应考虑到所有幼儿，提供有层次性的材料，使每个幼儿在现有水平上都有所提高。例如，益智区"配对"的练习材料，可以是大小瓶盖与瓶子的匹配（大小配对）；可以是数板与数形的匹配（形状配对）；也可以是圆点卡与数字的匹配（数量配对）。又如剪纸练习区，幼儿可以自由选择剪粗条纸、剪细条纸、剪曲线条纸；剪报纸、剪吹塑纸、剪包装纸、剪布、剪麻布等。材料不同，难易程度有差异，可以充分满足不同发展水平幼儿的需要。同时，教师要对不同发展水平的幼儿提出不同的操作要求，如同样是排序，对于能力强的幼儿可要求其自由排序或按几种特征同时排序，而对于能力差的孩子，可按图例排序或只按一种特征进

行排序。

其次，教师在投放区域活动的材料时，必须考虑材料内容的深浅程度既要符合幼儿原有水平和基础，又能促进幼儿在原有基础上的提高，因此教师在投放材料时一定要考虑到幼儿发展的需要，根据需要提高材料操作的难度，推动孩子的发展。教师在选择、投放操作材料前，能够预先做思考。将所要投放的材料，逐一与幼儿通过操作该材料可能达到的目标之间，按由浅入深、从易到难的要求，分解成若干个能够与幼儿的认知发展相吻合的、可能的操作层次，使材料"细化"。例如，在主题活动"多彩的秋天"的活动中，我设计了"彩色树叶"这个区域内容。在给"树叶"提供材料时，我先投放的是画有各种形状树叶轮廓线的白纸，让幼儿用彩笔随意地装饰；经过一段时间后，能力强的幼儿势必会产生不满足，我就再投放可以拓印的树叶样板，同时投入彩色油画棒，让这部分幼儿自主探索，发现它的制作方法，然后引导幼儿进行装饰。随着幼儿技能的提高，我们就引导幼儿自己设计想象中的树叶。这三个不同层次的材料我们也可根据不同能力的幼儿随机调换，灵活运用，满足不同水平幼儿发展的需要。

四、选择材料时要注意材料的特性

1. 材料的低结构性

高结构材料一般目标明确，幼儿在操作中容易达到目标，但往往束缚了幼儿的想象力和创造力。而低结构材料恰好与之相反，低结构材料特点能适应幼儿千变万化的想象与创造，推动了幼儿的自主建构。例如，我们为幼儿提供木糖醇的小瓶，幼儿把它装上黄豆、绿豆、小米等不同的材料，就能感受不同物体发出的不同声音，同时这些装有不同材料的小瓶还能变成乐器，让幼儿在音乐区进行伴奏、表演，又能把许多小瓶搭在一起又变成积木，还能在瓶口系根绳子把它变成小拖车玩。简单材料启发了孩子千奇百怪的想法，这些想象通过幼儿的操作得以实现。

2. 材料的动态性

材料本身是静态的、物化的，如果我们在投放过程中不断考虑材料呈现方式就使材料呈动态性，这就促进了儿童建构行为的发展。同时优化了材料，提高了材料的利用高效性。

材料的添加：当材料使用目标达到后，不是将原有材料全部替换，而是采用添加的方法递进和拓展游戏的内容与目标。

材料的组合：材料的组合是指区域与区域间的材料组合，以拓展丰富游戏内容延长材料生命。例如，美工区幼儿卷的小棍，就可以放在益智区让幼儿比较长短并排序，在操作区幼儿剪出的各种细细的纸条用来在美工区中装饰人物的头发。

3. 材料的情感性

在为幼儿创设的活动环境中应尽可能地融入幼儿原有经验，尽可能地将材料放置在背景中，以使物化的环境蕴涵情感内涵。例如，为妈妈添画五官，找找相同的鞋子，为娃娃梳头、穿衣服等，幼儿在充满生活气息的学习活动中情绪愉悦，进而从中获得对环境的理解，提升了观察、思维、动手操作和语言表达能力。

总之，区域活动中材料的投放是教师根据幼儿的发展水平、实际需要，有目的、有计划地设置区域内容、投放材料的过程，是与幼儿自主地选择、操作与摆弄材料的过程融合起来进行的。材料投放是最为基础的环节，是幼儿乐于主动参加活动的关键。合理有效地提供操作材料对幼儿的发展非常重要，它既能巩固幼儿已有的知识经验，又能让幼儿"跳一跳，摘到果子"，真正起到面向个别，共同提高的作用。因此教师在材料投放时，一定要了解材料的特点，根据幼儿需要，从孩子的年龄和发展特点出发，有目的地收集筛选材料，投放有层次的、有挑战性的材料，从而满足幼儿游戏的愿望，更好地发挥区域活动的价值。

参考文献

［1］戴文青，学习环境的规划与运用［M］. 南京师范大学出版，2005（8）.

［2］李建君，区角儿童智慧的天地［M］. 上海社会科学院出版社，2005（8）.